PERÍCIA JUDICIAL

Um Mercado para Profissionais Liberais

Júlio Serpa

PERÍCIA JUDICIAL

Um Mercado para Profissionais Liberais

2025

EDITORA *Jus*PODIVM

www.editorajuspodivm.com.br

EDITORA *Jus*PODIVM
www.editorajuspodivm.com.br

Rua Canuto Saraiva, 131 – Mooca – CEP: 03113-010 – São Paulo – São Paulo
Tel: (11) 3582.5757
• Contato: https://www.editorajuspodivm.com.br/central-de-relacionamento

Diagramação: Francisco Neto (pjfrancisconeto@gmail.com)

Capa: Ana Caquetti

S486p Serpa, Júlio
Perícia Judicial - Um Mercado para Profissionais Liberais / Júlio Serpa – São Paulo: Editora JusPodivm, 2025.
120 p.

ISBN: 978-85-442-6132-3.

1. Perícia. I. Serpa, Júlio. II. Título.

CDD 341. 4648

Bibliotecária Responsável
Ana Carolina Ribeiro Mois – CRB7 – RJ 007348/0

1.ª ed., *2.ª tir.:* set./2025.

AGRADECIMENTOS

A Deus, por sua misericórdia infinita.

À minha esposa, Soraya Serpa,
companheira de todas as horas.

Aos meus filhos, Caio e Clara, razão da minha vida.

Aos meus pais, Di Lorenzo Serpa *(in memoriam)* e
Rosário Serpa, fonte eterna de apoio e carinho.

Aos irmãos e sócios, José Serpa Filho e Raquel Serpa,
pelo incentivo.

Ao Desembargador aposentado Genésio Gomes
Pereira, primeiro Juiz de Direito a me nomear como
Perito Judicial.

PREFÁCIO

Júlio Cesar Lopes Serpa é um amigo de longa data. Embora ele tenha anterior formação em Contabilidade, fui seu professor em 2007, na primeira turma que dei aula no curso de Direito. Hoje, além de colega advogado, sou seu irmão de fé na Comunidade Consolação Misericordiosa. Por isso, o seu convite para prefaciar essa qualificada obra foi motivo de muita alegria para mim.

Pois bem.

O livro "Perícia Judicial: um mercado para profissionais liberais" é fruto de estudos realizados por mais de vinte anos e supre uma lacuna na bibliografia jurídica brasileira, ao apresentar uma reflexão aprofundada sobre a importância da perícia judicial em um sistema judiciário complexo e cada vez mais técnico.

A obra apresenta o papel do perito como um especialista que não apenas analisa dados, mas também traduz informações em conhecimento acessível, influenciando decisões judiciais de maneira significativa.

Ela também discorre sobre a evolução histórica da profissão, desde suas origens até as novas áreas de atuação, como a perícia digital e ambiental, revelando a necessidade de atualizações constantes e reconhecimento das demandas contemporâneas.

Ainda, a obra destaca a importância crescente da perícia em um contexto de litígios cada vez mais complexos e tecnológicos, ressaltando que os peritos não são apenas técnicos, mas também comunicadores e agentes de justiça.

Com uma abordagem prática e educativa, o autor explora questões fundamentais sobre formação, ética e as tendências contemporâneas que moldam a atuação dos peritos.

Este livro, portanto, é um convite à jornada de transformação e de aprendizado, essencial para todos que desejem se tornar profissionais respeitados e competentes na área da perícia judicial.

Por isso, recomendo esta obra a todos aqueles que buscam entender não apenas a ação técnica da perícia, mas seu papel essencial na busca pela equidade no sistema judiciário.

Boa leitura!

RINALDO MOUZALAS

Advogado Sócio do Mouzalas Azevedo Advocacia.

Doutor em Direito pela UFPE – Universidade Federal de Pernambuco.
Mestre em Direito pela UNICAP – Universidade Católica de Pernambuco.
Graduado em Direito pela UFPB – Universidade Federal da Paraíba.

Professor Adjunto de Direito Processual Civil da UFPB – Universidade Federal da Paraíba.

Membro IBDP – Instituto Brasileiro de Direito Processual, da ANNEP – Associação Norte e Nordeste dos Professores de Processo e da ABDPRO – Associação Brasileira de Direito Processual.

Conselheiro Federal da Ordem dos Advogados do Brasil.

SUMÁRIO

CAPÍTULO 12

BOAS-VINDAS AO LEITOR

Perícia Judicial

A perícia versa sobre um fato
Tal fato versa sobre a vida
A vida numa lide é discutida
Discussão que se transforma em ato

Ato este revelado num laudo
Por um *expert* elaborado
Peça fundamental no processo
Pelas partes, muito esperado

Prova deveras especial
Alguns a chamam de rainha
Que traz à tona a verdade real
É assim a Prova Pericial

(Autor: JÚLIO SERPA)

Caro leitor,

É com grande entusiasmo que lhe dou as boas-vindas a esta jornada de conhecimento e descoberta no fascinante mundo da perícia judicial. Ao abrir as páginas deste livro, você não está apenas iniciando a leitura de um manual técnico; você está se preparando para se aprofundar em uma área que desempenha um papel fundamental no sistema judiciário brasileiro. A perícia judicial é uma ponte que conecta o conhecimento técnico à justiça, e sua importância nunca foi tão evidente quanto nos dias atuais, em que a complexidade das questões legais exige uma análise minuciosa e embasada.

A relevância da perícia judicial hoje é inegável. Em um mundo cada vez mais técnico e complexo, a demanda por peritos qualificados cresce a passos largos. As disputas judiciais frequentemente envolvem questões que exigem um conhecimento especializado, e é nesse contexto que o papel do perito se torna crucial. Você, caro leitor, está prestes a embarcar em uma jornada que não apenas iluminará os caminhos da perícia, mas também o preparará para enfrentar os desafios que surgem ao longo dessa trajetória.

O propósito deste livro é claro: fornecer um guia prático e acessível para aqueles que desejam seguir a carreira de perito judicial. Você encontrará aqui não apenas informações teóricas, mas também orientações práticas que o ajudarão a desenvolver as habilidades necessárias para se destacar nesse campo. Este livro é direcionado a estudantes, profissionais de diversas áreas e todos aqueles que têm interesse em atuar como peritos. Independentemente de sua formação ou experiência prévia, você encontrará insights valiosos que o ajudarão a trilhar seu caminho com confiança.

Ao longo dos capítulos, você poderá esperar uma visão abrangente sobre o que é ser um perito judicial. Vamos discutir a importância da formação e qualificação, ressaltando que uma base sólida é fundamental para o sucesso nessa carreira. As qualificações necessárias serão detalhadas, e você compreenderá como o desenvolvimento de habilidades específicas pode fazer a diferença em sua atuação. Além disso, abordaremos o papel da experiência prática, que, sem dúvida, é um dos pilares que sustentam a competência e o respeito de um perito.

Após mais de 24 (vinte e quatro) anos trabalhando como Perito Judicial, diversos laudos periciais protocolados nas diferentes áreas das Ciências Contábeis, aliados ao conhecimento jurídico adquirido na academia e na prática advocatícia cotidiana, trazemos esse texto para ajudar os profissionais liberais a ingressarem no mercado da Perícia Judicial.

Portanto, convido você a se deixar levar por esta experiência. Prepare-se para se aprofundar nos meandros da perícia judicial, a explorar seus desafios e conquistas, e a descobrir como você pode se tornar um agente de transformação na justiça. Este livro não é apenas uma leitura; é um convite para que você se torne parte de uma comunidade de profissionais dedicados a fazer a diferença.

A sua jornada começa agora. Aproveite cada página, cada aprendizado e cada reflexão. Estou aqui, ao seu lado, nessa caminhada.

Com apreço e entusiasmo,

Júlio Serpa

Capítulo 1

INTRODUÇÃO

A perícia judicial é um dos pilares que sustentam a busca pela verdade no sistema judiciário brasileiro. Ela se refere à análise técnica e especializada de fatos e evidências, realizada por profissionais qualificados, que têm a responsabilidade de esclarecer questões complexas que não podem ser resolvidas apenas por meio do conhecimento jurídico. Esses especialistas, conhecidos como peritos judiciais, desempenham um papel crucial na resolução de litígios, oferecendo laudos que ajudam juízes e advogados a tomar decisões fundamentadas. A importância da perícia judicial se torna ainda mais evidente em um mundo onde a tecnologia e a complexidade das relações sociais e econômicas estão em constante evolução.

Historicamente, a perícia judicial no Brasil começou a ganhar destaque no final do século XIX, quando o Código de Processo Civil de 1939 regulamentou formalmente a função do perito. Desde então, a profissão passou por diversas transformações, acompanhando as mudanças sociais e tecnológicas do país. A introdução de novas áreas de atuação, como a perícia ambiental e a perícia digital, reflete a necessidade de adaptação dos peritos às demandas contemporâneas. Esses marcos históricos não apenas moldaram a profissão, mas também evidenciaram a relevância da perícia judicial como um instrumento de justiça, capaz de trazer clareza e segurança às decisões judiciais.

Nos dias atuais, a importância da perícia judicial é inegável. Em um cenário onde as disputas judiciais se tornam cada vez mais complexas, a atuação do perito é fundamental para garantir que a verdade venha à tona. A crescente demanda por especialistas em áreas como engenharia, contabilidade e tecnologia da informação ressalta a necessidade de profissionais capacitados que possam oferecer análises precisas e fundamentadas. Além disso, a evolução das legislações e a introdução de novas tecnologias ampliam o campo de atuação dos peritos, tornando a profissão não apenas relevante, mas essencial para a manutenção da justiça.

Prepare-se para embarcar em uma jornada de aprendizado que não apenas esclarecerá os caminhos da perícia judicial, mas também o inspirará a se tornar um profissional competente e respeitado no campo. Através de exemplos práticos, reflexões e dicas valiosas, este livro será seu aliado na construção de uma carreira sólida e promissora. Vamos juntos explorar o universo da perícia judicial e descobrir como você pode se destacar nessa área tão importante para a justiça.

O propósito deste guia é claro e direto: oferecer a você, leitor, um caminho iluminado para adentrar no vasto e fascinante mundo da perícia judicial. Ao longo deste livro, você encontrará não apenas informações teóricas, mas também práticas que o ajudarão a entender como se tornar um perito judicial de sucesso. Este é um convite a todos que desejam se engajar nesse campo, sejam estudantes em busca de uma nova carreira, profissionais de diversas áreas que desejam expandir seus horizontes ou pessoas com interesse genuíno pela justiça.

O que você encontrará aqui é um convite à reflexão. Ao se deparar com as questões que serão discutidas, pense em como elas se aplicam à sua vida e carreira. Quais são suas aspirações? Como você pode se preparar melhor para se destacar nesse mercado? A cada capítulo, você será encorajado a se aprofundar, a buscar o conhecimento que o tornará um profissional respeitado e competente.

Além disso, é essencial que você reconheça a importância da formação e da qualificação contínua. A carreira de perito judicial exige dedicação e um compromisso constante com o aprendizado. O conhecimento técnico é fundamental, mas as habilidades interpessoais, a ética e a capacidade de comunicação são igualmente cruciais. Ao longo do livro, discutiremos as qualificações necessárias e como a experiência prática pode moldar sua trajetória.

A importância da formação não pode ser subestimada. Um perito bem preparado não é apenas um especialista em sua área, mas também um comunicador eficaz, capaz de traduzir informações complexas em laudos claros e compreensíveis. Essa habilidade é vital, pois seu trabalho não se limita a realizar análises técnicas; você também será responsável por apresentar suas conclusões de forma que todos os envolvidos no processo judicial possam entender.

Ao explorar as diversas áreas de atuação da perícia judicial, você perceberá que as oportunidades são vastas e variadas. Desde a engenharia até a contabilidade, passando pela psicologia e pela medicina, cada campo tem suas especificidades e demandas. Escolher uma área de especialização que ressoe com suas paixões e habilidades é um passo importante na construção de sua carreira.

Prepare-se para descobrir como você pode contribuir para a justiça e para o bem-estar da sociedade, e como sua dedicação e esforço podem transformá-lo em um perito judicial respeitado. Vamos juntos dar os primeiros passos nessa emocionante jornada!

A formação e a qualificação são pilares fundamentais para aqueles que desejam se destacar na carreira de perito judicial. O conhecimento técnico, embora essencial, é apenas uma parte do que compõe um profissional competente. A busca por uma formação sólida deve ser encarada como um compromisso contínuo, onde cada novo aprendizado agrega valor à prática e à credibilidade do perito diante do sistema judiciário.

É vital que o aspirante a perito judicial busque cursos que ofereçam não apenas a teoria, mas também a aplicação prática dos conceitos. Universidades e instituições de ensino têm ampliado suas grades curriculares para incluir disciplinas que tratam de perícia judicial, oferecendo uma base sólida para os futuros profissionais. Além disso, a participação em workshops e seminários pode proporcionar um diferencial importante, permitindo que o estudante tenha contato direto com especialistas da área e compreenda as nuances do trabalho pericial.

As qualificações necessárias para um perito judicial vão além do conhecimento técnico. Habilidades interpessoais, como a capacidade de comunicação eficaz, são indispensáveis. Um laudo pericial, por exemplo, deve ser claro e compreensível, não apenas para os advogados, mas também para o juiz e as partes envolvidas no processo. Isso exige que o perito tenha a habilidade de traduzir informações complexas em linguagem acessível, garantindo que suas conclusões sejam entendidas por todos. A prática de apresentar laudos em audiências também é uma oportunidade valiosa para desenvolver essa habilidade.

A experiência prática é um dos elementos mais enriquecedores na formação de um perito judicial. A vivência em situações reais, a observação de processos e a interação com outros profissionais do direito são experiências que moldam a atuação do perito. Cada caso traz desafios únicos que exigem soluções criativas e análises detalhadas. Portanto, buscar estágios ou oportunidades de trabalho em escritórios de advocacia ou órgãos judiciais pode ser um passo decisivo na construção de uma carreira sólida.

Além disso, a ética desempenha um papel crucial na atuação do perito judicial. A responsabilidade que recai sobre os ombros desse profissional é imensa, pois suas conclusões podem influenciar diretamente a vida das pessoas. Portanto, é indispensável que o perito atue com integridade, respeitando os princípios éticos da profissão e assegurando que seu trabalho seja sempre pautado pela justiça e pela verdade. A formação em ética, muitas vezes negligenciada, deve ser parte integrante da formação do perito, preparando-o para lidar com dilemas que podem surgir ao longo de sua carreira.

Por fim, a qualificação contínua deve ser vista como uma estratégia para se manter relevante em um mercado em constante evolução. As novas tecnologias, as mudanças nas legislações e as inovações nas práticas judiciais exigem que o perito esteja sempre atualizado. Cursos de especialização, participação em congressos e a leitura de publicações especializadas são maneiras eficazes de garantir que suas habilidades e conhecimentos estejam sempre à frente, prontos para enfrentar os desafios do futuro.

A jornada para se tornar um perito judicial é repleta de aprendizados e descobertas. Com dedicação e um compromisso firme com a formação e a ética, você estará não apenas construindo uma carreira, mas também contribuindo para a justiça e a verdade em nossa sociedade. É um caminho que, embora desafiador, é profundamente gratificante e essencial para a manutenção da integridade do sistema judiciário.

Capítulo 2

O QUE É PERÍCIA JUDICIAL?

A perícia judicial é uma ferramenta essencial no sistema jurídico, atuando como um farol que ilumina o caminho em meio à complexidade dos litígios. Em sua essência, a perícia judicial refere-se à análise técnica e especializada de fatos e evidências, realizada por peritos qualificados, com o objetivo de esclarecer questões que exigem conhecimento específico. Esses profissionais desempenham um papel crucial na busca pela verdade e na fundamentação das decisões judiciais, contribuindo para a justiça de forma significativa.

É importante destacar as distinções entre os diferentes tipos de perícia: judicial e extrajudicial.

A perícia judicial, como o nome sugere, ocorre dentro do contexto de um processo judicial, onde o juiz solicita a avaliação de um especialista para esclarecer aspectos técnicos que impactam a decisão do caso. Por outro lado, a perícia extrajudicial é feita fora do âmbito judicial, geralmente para resolver disputas de forma consensual entre as partes, sem a necessidade de um juiz.

A importância da perícia judicial se revela em diversos aspectos. Primeiramente, ela atua como um mecanismo de verificação da verdade, ajudando a desvendar fatos que, à primeira vista, podem parecer obscuros ou confusos. Em um litígio, onde as partes podem ter visões conflitantes, a análise técnica do perito fornece uma base sólida para a tomada de decisões.

Além disso, a perícia judicial é fundamental na promoção da segurança jurídica, uma vez que suas conclusões fundamentadas contribuem para a credibilidade do sistema judiciário e para a confiança da sociedade nas decisões judiciais.

A relevância da perícia judicial se torna ainda mais evidente em um mundo em constante transformação, onde as tecnologias e as relações sociais evoluem rapidamente. Novas áreas de atuação, como a perícia digital e a perícia ambiental, surgem em resposta às demandas contemporâneas, exigindo que os peritos se mantenham atualizados e preparados para enfrentar os desafios que essas novas fronteiras apresentam.

Assim, a perícia judicial não apenas se adapta às mudanças, mas também se reinventa, tornando-se uma profissão cada vez mais necessária e respeitada.

Neste contexto, é vital que os aspirantes a peritos judiciais compreendam a profundidade e a responsabilidade que essa função implica. O conhecimento técnico é apenas uma parte do que compõe um perito eficaz; as habilidades interpessoais, a ética e a capacidade de comunicação são igualmente cruciais. Cada laudo pericial não é apenas um documento técnico, mas uma peça fundamental que pode influenciar a vida das pessoas, reafirmando a importância de um trabalho pautado pela integridade e pela clareza.

A evolução da perícia judicial no Brasil é um reflexo das transformações sociais e legais que o país enfrentou ao longo dos anos.

Desde suas origens, a perícia judicial tem desempenhado um papel essencial na administração da justiça, funcionando como uma ponte entre o conhecimento técnico e as demandas do sistema judiciário. Para entender essa evolução, é importante traçar um panorama que aborde os principais marcos históricos e as legislações que moldaram a prática pericial.

No século XIX, a necessidade de uma análise técnica em processos judiciais começou a se destacar, especialmente com a crescente complexidade das disputas legais.

A formalização da perícia judicial se deu com a promulgação do Código de Processo Civil de 1939, que regulamentou a função do perito e estabeleceu diretrizes claras para sua atuação. Esse foi um momento crucial, pois não apenas legitimou a profissão, mas também ressaltou sua importância na busca pela verdade e na resolução de litígios.

O Código de Processo Civil de 1939 (revogado), dizia assim em seu artigo 129, "*Os exames periciais serão feitos por um perito, sempre que possível técnico, de livre escolha do juiz.*"

E mais, o mesmo código revogado, acima citado, tinha um capítulo próprio (Capítulo VII), denominado "DOS EXAMES PERICIAIS", que, no artigo 254, dizia que:

> "Art. 254. Na perícia, para prova de fato que dependa de conhecimento especial, as partes poderão formular quesitos, nos cinco (5) dias seguintes à nomeação do perito, admitindo-se quesitos suplementares até a realização da diligência." (CPC revogado)

Além de tantas outras citações esparsas que citam a perícia, fortalecendo a sua importância e necessidade.

Outro marco importante na história da perícia judicial foi a criação de associações e entidades que representam os peritos. Essas organizações têm sido fundamentais na defesa dos interesses da classe, na promoção de cursos e eventos de capacitação, e na disseminação de boas práticas. A união dos profissionais fortalece a profissão e garante que os peritos estejam sempre alinhados com as melhores práticas do mercado.

No contexto atual, a perícia judicial enfrenta novos desafios, como a pressão por resultados rápidos e a necessidade de adaptação às inovações tecnológicas.

A digitalização dos processos judiciais e o uso de inteligência artificial nas análises periciais são exemplos de como a profissão deve se reinventar para continuar relevante.

Os peritos judiciais, portanto, não apenas precisam dominar suas áreas de especialização, mas também devem estar abertos a aprender e a se adaptar às novas ferramentas e metodologias que surgem.

A importância da perícia judicial não pode ser subestimada. Ela é um elemento fundamental na busca pela verdade e na construção de um sistema judiciário mais justo e eficiente.

Os peritos judiciais têm a responsabilidade de fornecer análises precisas e fundamentadas, contribuindo para que juízes e advogados tomem decisões com embasamentos técnico-legais.

Essa função é ainda mais relevante em um cenário onde a complexidade das relações sociais e econômicas está em constante evolução.

Assim, ao longo da história, a perícia judicial no Brasil se estabeleceu como uma profissão em constante transformação, sempre buscando se adequar às novas realidades e desafios que surgem. O compromisso com a formação contínua e a ética profissional são pilares que garantirão a relevância e a credibilidade da perícia judicial no futuro.

A jornada dos peritos é, portanto, uma trajetória de aprendizado e adaptação, onde cada novo desafio representa uma oportunidade de crescimento e contribuição para a justiça.

O papel do perito judicial dentro do sistema judiciário é multifacetado e essencial para a administração da justiça. O perito não é apenas um especialista em sua área, mas um agente facilitador que ajuda a esclarecer questões técnicas que podem ser decisivas em um processo.

Sua função vai além da simples análise de dados; envolve a interpretação de informações complexas e a apresentação de conclusões que possam ser compreendidas por todos os envolvidos, incluindo juízes, advogados e partes litigantes.

Um aspecto fundamental da atuação do perito judicial é a responsabilidade que recai sobre seus ombros. Cada laudo pericial elaborado tem o potencial de influenciar a vida das pessoas, e isso exige um compromisso inabalável com a ética e a transparência.

O perito deve ser imparcial, apresentando suas análises de forma objetiva e fundamentada, sem deixar que suas opiniões pessoais interfiram no trabalho. Essa postura não apenas garante a credibilidade do laudo, mas também reforça a confiança do sistema judiciário perante a sociedade.

A interação do perito judicial com outros profissionais do direito é um componente vital para o sucesso de um processo. O perito atua em colaboração com advogados e juízes, fornecendo informações que são cruciais para a tomada de decisões.

Essa dinâmica de trabalho exige que o perito desenvolva habilidades de comunicação eficazes, permitindo que ele explique suas conclusões de maneira clara e acessível. A capacidade de dialogar e esclarecer dúvidas é essencial, pois muitas vezes, as questões técnicas podem ser desafiadoras para aqueles que não possuem formação especializada.

Além disso, a contribuição do perito para a justiça é inegável. Ao fornecer análises precisas e fundamentadas, ele ajuda a garantir que as decisões judiciais sejam baseadas em evidências concretas e não em suposições ou interpretações equivocadas.

Isso é particularmente importante em casos onde a verdade pode ser obscura ou contestada. A atuação do perito, portanto, não apenas contribui para a resolução de litígios, mas também para a promoção da segurança jurídica, essencial para a confiança da sociedade no sistema judicial.

Em um cenário onde as demandas e os desafios estão em constante evolução, a importância da perícia judicial se torna ainda mais evidente. Novas áreas de atuação exigem que os peritos se mantenham atualizados e preparados para enfrentar as complexidades que surgem. A adaptação às novas tecnologias e a compreensão das mudanças sociais são elementos cruciais para que o perito continue relevante e eficaz em sua função.

Portanto, você é convidado a refletir sobre a profundidade e a responsabilidade que a função de perito judicial implica. O compromisso com a ética, a comunicação clara e a colaboração eficaz com outros profissionais são pilares que sustentam a atuação do perito.

Compreender esses aspectos não apenas enriquecerá sua visão sobre a profissão, mas também o preparará para se tornar um perito respeitado e competente, capaz de fazer a diferença no sistema judiciário.

A contextualização da perícia judicial na atualidade revela um cenário dinâmico e repleto de desafios, mas também de oportunidades promissoras.

Nos últimos anos, o Brasil tem testemunhado um aumento significativo na demanda por peritos judiciais em diversas áreas, refletindo a complexidade das relações sociais e jurídicas contemporâneas.

Essa crescente necessidade de especialistas qualificados não apenas destaca a relevância da perícia judicial, mas também impõe a responsabilidade de que os profissionais estejam sempre atualizados e preparados para enfrentar os novos desafios que surgem.

Ademais, vale ressaltar que o Código de Processo Civil atual (Lei Nº 13.105, de 16 de março de 2015), traz em seu art. 149 a figura do perito como um dos Auxiliares da Justiça, vejamos:

> "Art. 149. **São auxiliares da Justiça**, além de outros cujas atribuições sejam determinadas pelas normas de organização judiciária, o escrivão, o chefe de secretaria, o oficial de justiça, **o perito**, o depositário, o administrador, o intérprete, o tradutor, o mediador, o conciliador judicial, o partidor, o distribuidor, o contabilista e o regulador de avarias."
> **(GRIFO NOSSO)**

O Perito é a pessoa estranha ao quadro de funcionários permanentes do judiciário, sendo chamado pelo órgão julgador, por ser dotado de conhecimentos técnicos e científicos quando há necessidade de análise técnica sobre determinado fato ou coisa.

O art. 156 do Código de Processo Civil diz que:

> "Art. 156. **O juiz será assistido por perito quando a prova do fato depender de conhecimento técnico ou científico**.
>
> § 1º **Os peritos serão nomeados entre os profissionais legalmente habilitados** e os órgãos técnicos ou científicos devidamente inscritos em cadastro mantido pelo tribunal ao qual o juiz está vinculado.
>
> § 2º Para formação do cadastro, os tribunais devem realizar consulta pública, por meio de divulgação na rede mundial de computadores ou em jornais de grande circulação, além

> de consulta direta a universidades, a conselhos de classe, ao Ministério Público, à Defensoria Pública e à Ordem dos Advogados do Brasil, para a indicação de profissionais ou de órgãos técnicos interessados.
>
> § 3º Os tribunais realizarão avaliações e reavaliações periódicas para manutenção do cadastro, considerando a formação profissional, a atualização do conhecimento e a experiência dos peritos interessados.
>
> § 4º Para verificação de eventual impedimento ou motivo de suspeição, nos termos dos arts. 148 e 467, o órgão técnico ou científico nomeado para realização da perícia informará ao juiz os nomes e os dados de qualificação dos profissionais que participarão da atividade.
>
> § 5º Na localidade onde não houver inscrito no cadastro disponibilizado pelo tribunal, a nomeação do perito é de livre escolha pelo juiz e deverá recair sobre profissional ou órgão técnico ou científico comprovadamente detentor do conhecimento necessário à realização da perícia." (grifo nosso)

Segundo o renomado perito Antonio Carlos Morais em sua obra "*O Perito e a Justiça*", escrita juntamente com Carlo Rogério Morais, trazem um contexto bem interessante, atual e oportuno sobre a importância da figura do perito, no âmbito judicial, vejamos:

> "O perito é um dos mais importantes auxiliares da Justiça para o deslinde de uma questão técnica, onde seja necessário a produção de um laudo pericial, portanto, a nomeação deste profissional no processo é um ato discricionário do juiz, embora as partes possam requerer a intervenção do experto e no caso específico da perícia consensual, escolher o mesmo e por meio de requerimento já podendo solicitar ao juiz a nomeação do profissional." (Brasília, 2018)

Atualmente, as áreas de atuação da perícia judicial se diversificaram consideravelmente. Além das tradicionais especializações em engenharia, contabilidade e médica, novas frentes, como a perícia digital e a perícia ambiental, ganharam destaque.

A era digital trouxe consigo a necessidade de análises técnicas que envolvem dados eletrônicos, sistemas de informação e redes sociais, exigindo que os peritos se familiarizem com conceitos tecnológicos e ferramentas inovadoras. Da mesma forma, a crescente preocupação com questões ambientais requer peritos que compreendam as complexidades relacionadas à legislação ambiental e aos impactos das atividades humanas no meio ambiente.

Os desafios enfrentados pelos peritos judiciais são diversos e exigem uma adaptação constante. A velocidade das mudanças tecnológicas e a evolução das legislações são fatores que impactam diretamente a prática pericial.

Os profissionais precisam estar dispostos a investir em formação contínua, participando de cursos, seminários e workshops que os mantenham atualizados sobre as melhores práticas e as novas ferramentas disponíveis. Essa busca incessante por conhecimento é crucial para garantir que o perito não apenas se mantenha relevante, mas também se destaque em um mercado competitivo.

Além disso, a habilidade de se comunicar de forma clara e eficaz se torna ainda mais essencial em um contexto onde a complexidade das informações pode ser desafiadora para aqueles que não possuem formação técnica.

A capacidade de traduzir dados técnicos em laudos compreensíveis e acessíveis é uma competência que pode fazer a diferença na atuação do perito. Portanto, é fundamental que os profissionais desenvolvam habilidades de comunicação e apresentação, garantindo que suas análises sejam não apenas precisas, mas também compreensíveis para juízes, advogados e partes envolvidas.

A importância da formação e qualificação contínua não pode ser subestimada. Em um mercado em constante evolução, aqueles que se dedicam a aprimorar suas habilidades e conhecimentos estarão melhor posicionados para aproveitar as oportunidades que surgem.

A formação não deve se limitar apenas ao conhecimento técnico, mas também incluir aspectos éticos e de responsabilidade profissional. O compromisso com a ética é um pilar que sustenta a credibilidade da perícia judicial, e os peritos devem estar sempre atentos às implicações de suas análises e decisões.

Em suma, a contextualização da perícia judicial na atualidade revela um campo vibrante e em constante transformação. Os peritos judiciais desempenham um papel crucial na busca pela verdade e na promoção da justiça, e sua capacidade de se adaptar às mudanças e de se manter atualizados será determinante para o sucesso na carreira.

O futuro da perícia judicial é promissor, e aqueles que se dedicam a essa profissão têm a oportunidade de fazer a diferença em um sistema jurídico que exige cada vez mais competência, ética e compromisso com a verdade.

Capítulo 3

O MERCADO DE TRABALHO PARA PERITOS JUDICIAIS

PANORAMA ATUAL DO MERCADO DE TRABALHO

O mercado de trabalho para peritos judiciais no Brasil está em plena expansão, refletindo a crescente complexidade das relações sociais e jurídicas. A demanda por especialistas qualificados em diversas áreas, cível, criminal e trabalhista, tem aumentado significativamente. Essa evolução é impulsionada por uma série de fatores, incluindo a digitalização dos processos judiciais, que exige uma abordagem mais técnica e especializada nas análises periciais.

Ao observarmos o cenário atual, notamos que a pandemia de COVID-19 acelerou a necessidade de peritos em áreas como saúde e tecnologia. O aumento das disputas relacionadas a questões sanitárias e o crescimento das fraudes eletrônicas, por exemplo, revelaram uma lacuna no mercado que precisa ser preenchida por profissionais capacitados.

Essa realidade não apenas destaca a relevância da perícia judicial, mas também oferece novas oportunidades para aqueles dispostos a se adaptar e a se especializar.

A informatização da justiça trouxe um algo a mais para o perito, pois, além de ter o conhecimento técnico específico de sua área, tem que buscar o conhecimento de sistemas de informática utilizados nos tribunais.

O uso de ferramentas digitais para coleta e análise de dados, bem como a realização de audiências virtuais, tem se tornado cada vez mais comum. Isso exige que os peritos não apenas dominem suas áreas de especialização, mas também estejam confortáveis com as novas tecnologias que permeiam o ambiente judicial.

O mundo digital expandiu campos, mas como consequência, gerou custos, que deve o perito suportar e encarar como investimento na sua carreira.

Além disso, a complexidade das disputas legais está em ascensão. Casos envolvendo múltiplas partes, questões transnacionais e a intersecção de diferentes áreas do direito exigem que os peritos compreendam uma gama mais ampla de conhecimentos.

Assim, a capacidade de atuar em equipe, colaborando com outros profissionais do direito, torna-se uma habilidade essencial. Os peritos não são mais apenas especialistas isolados; eles são parte de um ecossistema jurídico mais amplo, onde a comunicação e a colaboração são fundamentais para a resolução de litígios.

Esse panorama atual do mercado de trabalho para peritos judiciais é um convite para que os profissionais da área se mantenham atualizados e abertos a novas experiências. O futuro promete ser dinâmico e cheio de desafios, mas também repleto de oportunidades para aqueles que estão dispostos a se reinventar e a buscar o conhecimento necessário para se destacar em um ambiente em constante mudança.

A consciência de que a formação contínua e a adaptação às novas realidades são essenciais para o sucesso na profissão é um diferencial que pode abrir portas e garantir uma carreira sólida e respeitada. Portanto, é fundamental que os aspirantes a peritos judiciais estejam atentos às tendências do mercado e se preparem para enfrentar os desafios que surgem, sempre com um olhar voltado para o futuro e a disposição de aprender e evoluir.

Os desafios enfrentados pelos profissionais que atuam como peritos judiciais são variados e exigem uma combinação de habilidades técnicas, emocionais e interpessoais.

Um dos principais obstáculos que esses especialistas encontram é a pressão por resultados rápidos, pois, da entrega do produto final do seu trabalho (laudo pericial ou parecer técnico), vai depender a sua remuneração.

Essa exigência pode gerar estresse e comprometer a qualidade do trabalho, pois a necessidade de rapidez não deve se sobrepor à precisão e à profundidade da análise.

Além da pressão temporal, a constante atualização em relação às novas tecnologias e legislações é um desafio real. O campo da perícia judicial está em constante transformação, com a introdução de novas ferramentas digitais e mudanças nas normas que regem a profissão.

Os peritos precisam não apenas se familiarizar com essas inovações, mas também integrá-las em sua prática diária. Isso requer um compromisso contínuo com a formação e a capacitação, o que pode ser um desafio para aqueles que já possuem uma carga de trabalho intensa.

Outro aspecto a ser considerado é a competitividade do mercado. Com o aumento da demanda por peritos, muitos profissionais estão buscando se especializar e diversificar suas áreas de atuação.

Essa busca por diferenciação pode tornar o ambiente ainda mais acirrado, exigindo que cada perito encontre uma forma de se destacar. A construção de uma reputação sólida, a busca por especializações e a participação em eventos do setor são estratégias que podem auxiliar nesse processo, mas requerem esforço e dedicação.

A resiliência e a adaptabilidade se tornam, portanto, atributos essenciais para os peritos judiciais. Aqueles que conseguem se manter firmes diante das dificuldades e que estão dispostos a se reinventar em resposta às mudanças do mercado têm mais chances de prosperar.

A capacidade de aprender com as experiências, de ajustar abordagens e de buscar soluções criativas para os desafios enfrentados pode fazer toda a diferença na trajetória profissional.

Além disso, é importante que os peritos desenvolvam habilidades interpessoais. A comunicação clara e eficaz é crucial, especialmente ao interagir com juízes, advogados e partes envolvidas no processo.

A habilidade de traduzir informações técnicas em uma linguagem acessível é um diferencial que pode facilitar a compreensão e aumentar a credibilidade do trabalho realizado.

Por fim, ao refletir sobre os desafios enfrentados pelos peritos judiciais, é essencial lembrar que cada obstáculo também representa uma oportunidade de crescimento. A jornada profissional pode ser repleta de dificuldades, mas a superação delas pode levar a um desenvolvimento pessoal e profissional significativo.

Os peritos que abraçam esses desafios com determinação e um espírito de aprendizado têm o potencial de se tornar não apenas especialistas respeitados, mas também agentes de transformação dentro do sistema judiciário.

Além disso, a diversificação das áreas de atuação é crucial para os peritos que desejam se destacar no mercado. Buscar especializações em nichos emergentes pode agregar valor ao currículo e abrir portas para novas oportunidades.

Nesse sentido é preciso estar atento as ações judiciais do momento, para ver nelas uma oportunidade de entrar e ganhar mercado.

Como por exemplo nas ações de Revisão do PASEP, onde o perito judicial contábil é peça chave para o deslinde da questão, pois, 99% (noventa e nove por cento) dessas demandas, geram nomeações de contadores, administradores e economistas para exercerem a função de Peritos Judiciais, além de serem contratados também como Perito Assistente Técnico, para os advogados embasarem e quantificarem seus pedidos nas petições iniciais.

Na área médica, as ações que tratam de Erro Médico, Saúde do Trabalho, tanto para auxílio saúde, como para aposentadoria do trabalhador, são bem numerosas, além da mais conhecida como perito médico legista, um grande campo para o médico atuar na esfera judicial como perito médico.

Também, na área de engenharia, como as ações que buscam a avaliação de imóveis, discutir medições de obras, etc.

A intersecção entre a perícia judicial e as novas tecnologias, como inteligência artificial e big data, também apresenta um campo fértil para a inovação. Peritos que conseguem integrar essas ferramentas em suas análises estão à frente, oferecendo soluções mais eficientes e precisas.

A capacidade de interpretar grandes volumes de dados e extrair insights relevantes se torna um diferencial significativo na atuação profissional.

Por fim, é importante ressaltar que as oportunidades emergentes não se limitam apenas a áreas técnicas. Os peritos precisam ser capazes de traduzir suas análises complexas em informações compreensíveis para juízes e advogados, facilitando o entendimento e a aplicação de suas conclusões no processo judicial.

O fortalecimento dessas habilidades interpessoais, aliado ao conhecimento técnico, pode criar um profissional mais completo e preparado para os desafios do mercado.

Diante desse panorama, fica claro que as oportunidades para peritos judiciais são vastas e diversas. Aqueles que se mantêm atualizados, buscam especializações e desenvolvem habilidades interpessoais têm grandes chances de não apenas ingressar, mas também prosperar nesse campo dinâmico e em constante evolução.

A jornada para se tornar um perito judicial de sucesso é repleta de desafios, mas também de possibilidades que podem transformar a carreira e impactar positivamente a sociedade.

Preparar-se para ingressar no mercado de trabalho como perito judicial é um passo fundamental para quem deseja trilhar essa carreira promissora. A formação acadêmica é o primeiro alicerce dessa jornada.

É essencial que os aspirantes a peritos busquem cursos superiores que estejam alinhados com as áreas em que desejam atuar, como engenharia, contabilidade, psicologia ou medicina. Além disso, a busca por especializações e certificações pode ser um diferencial significativo, pois demonstra um comprometimento com a formação contínua e a atualização em relação às melhores práticas do mercado.

Participar de eventos, seminários e workshops é uma excelente maneira de se manter informado sobre as tendências e inovações na área da perícia.

Essas oportunidades não apenas proporcionam aprendizado, mas também são uma chance valiosa de networking. Conhecer outros profissionais da área pode abrir portas e criar laços que, no futuro, podem resultar em colaborações ou indicações. A construção de uma rede de contatos é uma estratégia poderosa que pode facilitar a entrada no mercado e trazer oportunidades inesperadas.

Ao elaborar um currículo, é fundamental destacar experiências relevantes, incluindo estágios, trabalhos voluntários ou projetos acadêmicos que demonstrem habilidades práticas. Um currículo bem estruturado e atrativo pode chamar a atenção de potenciais empregadores ou clientes. Além disso, é importante incluir informações sobre cursos e certificações, evidenciando o empenho em se qualificar e se manter atualizado.

A participação em associações profissionais também é uma estratégia benéfica. Essas organizações frequentemente oferecem recursos, treinamentos e oportunidades de networking que podem ser valiosos para o desenvolvimento profissional. Além disso, estar associado a uma entidade respeitável pode aumentar a credibilidade do perito e contribuir para a construção de uma reputação sólida na área.

Por fim, cultivar relacionamentos de qualidade é essencial. O networking não deve ser visto apenas como uma troca de cartões, mas sim como a construção de relações genuínas e duradouras.

Manter contato com colegas, mentores e profissionais da área pode resultar em suporte e orientação ao longo da carreira. Lembre-se de que cada conversa, cada troca de experiências, pode ser uma oportunidade de aprendizado e crescimento.

Em suma, a preparação para o mercado de trabalho como perito judicial envolve uma combinação de formação acadêmica sólida, busca por qualificações adicionais, construção de um currículo atrativo, participação em eventos e associações, e o cultivo de uma rede de contatos significativa. Esses elementos, quando alinhados, podem abrir as portas para uma carreira de sucesso e realização na área da perícia judicial.

Capítulo 4

ÁREAS DE ATUAÇÃO

A perícia em engenharia é uma das áreas mais fascinantes e desafiadoras dentro do campo da perícia judicial. Ela abrange diversas subáreas, como engenharia civil, elétrica e mecânica, cada uma com suas particularidades e exigências. Os peritos engenheiros são fundamentais na análise técnica de projetos, na avaliação de danos e na elaboração de laudos que podem influenciar diretamente a resolução de litígios.

Para atuar como perito engenheiro, é imprescindível ter uma formação sólida em engenharia, complementada por especializações que aprofundem o conhecimento nas áreas específicas de atuação. Cursos de pós-graduação e certificações em perícia judicial são altamente recomendados, pois não apenas ampliam o conhecimento técnico, mas também conferem maior credibilidade ao profissional. Além disso, a experiência prática em obras e projetos é um diferencial que pode ser decisivo na hora de elaborar laudos periciais.

As oportunidades de mercado para peritos em engenharia são vastas e diversificadas. Com o crescimento da construção civil e a complexidade dos projetos contemporâneos, a demanda por especialistas que possam avaliar a conformidade técnica e a segurança das obras é cada vez maior.

Os peritos são frequentemente chamados a atuar em casos de disputas contratuais, acidentes de trabalho e avaliações de danos em edificações, tornando-se peças-chave na busca pela verdade e pela justiça.

É importante destacar que a atuação do perito engenheiro não se limita apenas ao campo das construções. A perícia na área de engenharia elétrica, por exemplo, é essencial para a análise de falhas em sistemas elétricos e para a investigação de acidentes relacionados a eletricidade. Já a perícia na área de engenharia mecânica é crucial em casos que envolvem falhas em máquinas e equipamentos.

Cada uma dessas subáreas requer um conjunto específico de habilidades e conhecimentos, o que torna a formação contínua um aspecto vital para o sucesso nesse campo.

Por fim, aqueles que se dedicam a essa carreira encontram a oportunidade de contribuir significativamente para a justiça, utilizando suas habilidades e conhecimentos para resolver conflitos e assegurar a integridade das obras e projetos.

A perícia em contabilidade é uma área vital e multifacetada dentro do universo da perícia judicial. Os peritos contábeis desempenham um papel crucial na análise de questões financeiras e contábeis que surgem em processos judiciais, oferecendo laudos que podem ser decisivos na resolução de litígios. Essa atuação se estende a diversas situações, como cálculos judiciais, avaliações de empresas, investigações de fraudes financeiras e disputas societárias.

Para ingressar nessa área, é fundamental que o profissional tenha uma formação sólida e de ensino superior em contabilidade, registro no Conselho Regional de Contabilidade, complementada por especializações que aprimorem suas habilidades e conhecimentos. Cursos de pós-graduação em perícia contábil e certificações específicas são altamente recomendados, pois não apenas ampliam o repertório técnico do perito, mas também conferem maior credibilidade ao seu trabalho. A experiência prática em auditorias e consultorias contábeis é um diferencial que pode ser decisivo na hora de elaborar laudos periciais.

As oportunidades de mercado para peritos contábeis são vastas e diversificadas. Com o aumento das disputas relacionadas a fraudes e irregularidades financeiras, a demanda por especialistas que possam realizar análises detalhadas e fundamentadas está em alta.

Os peritos contábeis são frequentemente chamados a atuar em casos de falência, disputas entre sócios e investigações de crimes financeiros, tornando-se peças-chave na busca pela verdade e pela justiça.

A paixão pela contabilidade, aliada a um compromisso com a ética e a excelência, pode transformar a profissão de perito contábil em uma trajetória de sucesso e realização pessoal.

Neste contexto, é importante que os peritos contábeis estejam sempre atualizados sobre as tendências do mercado e as novas legislações que impactam sua área de atuação. A formação contínua e a adaptação às mudanças são essenciais para se destacar em um campo em constante evolução. A resiliência e a capacidade de aprender com as experiências são atributos que podem fazer toda a diferença na trajetória profissional de um perito contábil.

A perícia em psicologia é uma área que se destaca pela sua relevância nas questões que envolvem a saúde mental e o comportamento humano dentro do sistema judicial.

Os peritos psicológicos são convocados para avaliar a condição emocional e psicológica de indivíduos em diversos contextos legais, como em casos de custódia de filhos, avaliação de capacidade civil e responsabilidade em ações penais. Essa especialização exige uma compreensão profunda das teorias e práticas psicológicas, bem como uma habilidade para aplicar esse conhecimento em situações judiciais.

Para atuar como perito psicológico, é imprescindível que o profissional tenha uma formação sólida em psicologia, complementada por especializações que possam enriquecer sua prática.

Também, cursos de pós-graduação na área são altamente recomendados, pois não apenas ampliam o conhecimento técnico, mas também conferem maior credibilidade ao perito. Além disso, a experiência prática em atendimentos clínicos e avaliações psicológicas é um diferencial que pode ser decisivo na elaboração de laudos periciais.

As oportunidades de mercado para peritos em psicologia estão em crescimento, especialmente em um contexto social onde questões de saúde mental têm ganhado destaque.

A demanda por avaliações psicológicas em processos de divórcio, disputas de guarda e casos de violência doméstica tem aumentado, evidenciando a importância do papel do perito para a justiça.

Os peritos são frequentemente chamados a atuar em situações que exigem uma análise cuidadosa do estado emocional das partes envolvidas, tornando-se peças fundamentais na busca pela verdade e pela justiça.

A perícia em medicina é uma área de atuação que se destaca pela sua importância na avaliação de questões relacionadas à saúde e ao bem-estar das pessoas dentro do contexto judicial.

Os peritos médicos desempenham um papel crucial ao analisar casos que envolvem lesões, incapacidades e responsabilidades civis, oferecendo laudos que podem ser decisivos na resolução de litígios. Essa atuação é fundamental em diversos cenários, como acidentes de trabalho, disputas de seguros e ações judiciais relacionadas à saúde.

Para atuar como perito médico, é imprescindível que o profissional possua uma formação sólida em medicina, complementada por especializações que possam enriquecer sua prática.

Cursos em perícia médica e certificações específicas são altamente recomendados, pois não apenas ampliam o conhecimento técnico, mas também conferem maior credibilidade ao perito.

As oportunidades de mercado para peritos médicos estão em crescimento, especialmente em um contexto onde as questões de saúde têm ganhado destaque. A demanda por avaliações médicas em casos de acidentes de trabalho, por exemplo, é significativa, refletindo a necessidade de garantir a justiça e a reparação adequada para as vítimas. Os peritos são frequentemente chamados a atuar em situações que exigem uma análise cuidadosa do estado de saúde das partes envolvidas, tornando-se peças fundamentais na busca pela verdade e pela justiça.

Em suma, a perícia judicial é uma área rica em desafios e recompensas. Aqueles que se dedicam a essa carreira têm a oportunidade de contribuir significativamente para a justiça, utilizando suas habilidades e conhecimentos para resolver conflitos e assegurar que as questões sejam tratadas com a seriedade que merecem. A paixão pela área específica, aliada a um compromisso com a ética e a excelência, pode transformar a profissão de perito judicial em uma trajetória de sucesso e realização pessoal.

Os peritos médicos desempenham um papel crucial ao analisar casos que envolvem lesões, incapacidades e responsabilidades civis, oferecendo laudos que podem ser decisivos na resolução de litígios. Essa atuação é fundamental em diversos cenários, como acidentes de trabalho, disputas de seguros e ações judiciais relacionadas à saúde.

Para atuar como perito médico, é imprescindível que o profissional possua uma formação sólida em medicina, complementada por especializações que possam enriquecer sua prática.

Cursos em perícia médica e certificações específicas são altamente recomendados, pois não apenas ampliam o conhecimento técnico, mas também conferem maior credibilidade ao perito.

As oportunidades de mercado para peritos médicos estão em crescimento, especialmente em um momento onde as questões de saúde têm ganhado destaque. A demanda por avaliações médicas em casos de acidentes de trânsito, por exemplo, é significativa, refletindo a necessidade de garantir a justiça e a reparação adequada para as vítimas. Os peritos são frequentemente chamados a atuar em litígios que exigem uma análise médica do estado de saúde das partes envolvidas, tornando-se peças fundamentais na busca pela verdade e pela justiça.

Em síntese, a perícia judicial é uma área rica em desafios e recompensas. Aqueles que se dedicam a essa carreira têm a oportunidade de contribuir significativamente para a justiça, utilizando suas habilidades e conhecimentos para resolver conflitos e assegurar que as questões sejam tratadas com a seriedade que merecem. A paixão pela área específica, aliada a um compromisso com a ética e a excelência, pode transformar a profissão de perito judicial em uma trajetória de sucesso e realização pessoal.

Capítulo 5

FORMAÇÃO E QUALIFICAÇÃO

A jornada para se tornar um perito judicial começa com uma base sólida de formação acadêmica. Para atuar com competência e credibilidade nesse campo, é essencial que o profissional possua um diploma em áreas relevantes, como Engenharia, Contabilidade, Psicologia ou Medicina.

Esses diplomas não apenas fornecem o conhecimento técnico necessário, mas também estabelecem a base para a construção de uma carreira respeitável e reconhecida.

A formação inicial é apenas o primeiro passo. É fundamental que o profissional busque cursos de pós-graduação e especializações que aprofundem seu conhecimento nas áreas específicas de atuação. Essas qualificações adicionais são essenciais para incrementar a credibilidade do perito, uma vez que mostram um compromisso com a excelência e a atualização constante.

Por exemplo, um engenheiro que deseja se especializar em perícia deve considerar cursos focados em técnicas de avaliação de danos e normas de segurança, enquanto um contador pode optar por especializações em auditoria, perícia contábil e matemática financeira.

A importância da formação contínua não pode ser subestimada. O cenário jurídico está em constante evolução, e as demandas do mercado exigem que os profissionais se mantenham atualizados sobre novas legislações, técnicas e práticas. Participar de workshops, seminários e conferências é uma excelente maneira de adquirir novos conhecimentos e se integrar à comunidade de peritos. Além disso, a troca de experiências com colegas pode ser uma fonte valiosa de aprendizado e desenvolvimento.

Outro aspecto relevante é a validação da experiência prática. Estágios, projetos e trabalhos voluntários são oportunidades que não apenas enriquecem o currículo, mas também proporcionam a chance de aplicar os conhecimentos adquiridos em situações reais. Essa vivência prática é um diferencial significativo na formação do perito, pois permite que ele desenvolva habilidades essenciais, como a elaboração de laudos e a comunicação eficaz com as partes envolvidas.

Nesse sentido, podemos dar como exemplo as perícias judiciais nos processos que demandam a "justiça gratuita", onde, na maioria das vezes, o perito vai receber um pequeno valor da rubrica estipulada por resolução de cada tribunal.

Porém, é bom destacar, que cada perícia dessa (justiça gratuita) que ele faz, além de praticar o exercício da função pericial (ir ao fórum, tratar de problemas com servidores e magistrados, protocolar petições, aprender a lidar com os sistemas de informática, ficar conhecido, etc.), o perito vai se gabaritando para futuros trabalhos e novas nomeações, ganhando assim a confiança do magistrado.

Construir um portfólio profissional é uma estratégia eficaz para destacar as experiências e qualificações do perito. Esse portfólio deve incluir laudos elaborados, projetos relevantes e qualquer certificação obtida ao longo da carreira. Um portfólio bem estruturado não apenas demonstra a competência do profissional, mas também serve como uma ferramenta poderosa na busca por novas oportunidades de trabalho e parcerias.

Assim, a formação e qualificação para se tornar um perito judicial vão muito além da obtenção de um diploma. Trata-se de um compromisso contínuo com a aprendizagem, a prática e a construção de uma carreira sólida e respeitável. Aqueles que investem tempo e esforço em sua formação não apenas se preparam para os desafios da profissão, mas também se posicionam como profissionais de destaque em um mercado cada vez mais competitivo.

Certificações e credenciais são aspectos fundamentais na formação de um perito judicial. Elas não apenas agregam valor ao currículo, mas também demonstram um compromisso com a excelência e a ética profissional. Uma certificação reconhecida em perícia judicial pode abrir portas, aumentando a credibilidade do profissional perante juízes, advogados e outras partes envolvidas no processo.

Existem diversas certificações que podem ser relevantes, dependendo da área de atuação do perito. Por exemplo, um engenheiro pode buscar a certificação em Perícia Judicial e Engenharia Forense, enquanto um contador pode optar por certificações em Auditoria, Perícia, Direito Bancário, Matemática Financeira, etc. Essas credenciais não só validam o conhecimento técnico, mas também sinalizam um nível de especialização que é altamente valorizado no mercado.

Além das certificações, é essencial que o perito valide sua experiência prática. Isso pode ser feito por meio de estágios em escritórios de advocacia, participação em projetos de perícia ou até mesmo trabalhos voluntários que envolvam a elaboração de laudos periciais. Essas experiências não apenas enriquecem o currículo, mas também proporcionam a oportunidade de aplicar os conhecimentos adquiridos em situações reais, desenvolvendo habilidades essenciais para a prática da perícia.

Os laudos periciais, por exemplo, são a principal forma de comunicação do perito com o sistema judicial. Portanto, é vital que esses documentos sejam elaborados com clareza, precisão e fundamentação técnica sólida.

Um laudo bem elaborado pode ser decisivo para a resolução de um litígio, evidenciando a importância da formação e da experiência prática na construção da carreira de um perito judicial.

Participar de cursos de comunicação e redação técnica pode ser um excelente investimento. Esses treinamentos são essenciais para aprimorar a habilidade de redigir laudos periciais que sejam não apenas informativos, mas também persuasivos. Um laudo bem estruturado, que utilize uma linguagem clara e objetiva, pode fazer toda a diferença em um julgamento.

Além disso, a prática de apresentações orais em ambientes acadêmicos ou profissionais ajuda a desenvolver a confiança necessária para expor suas ideias em juízo, onde a pressão pode ser intensa.

A empatia é outra habilidade crucial que deve ser cultivada pelos peritos. Muitas vezes, as partes envolvidas em um processo judicial estão passando por momentos difíceis e delicados. Ser capaz de se colocar no lugar do outro, compreender suas emoções e preocupações, pode facilitar a comunicação e criar um ambiente de confiança.

Isso não significa que o perito deve tomar partido, mas sim que deve ser capaz de ouvir e entender as perspectivas de todos os envolvidos. Essa habilidade pode ser desenvolvida através de cursos de desenvolvimento pessoal e de comunicação não violenta, que ensinam a importância de ouvir ativamente e responder de maneira construtiva.

O relacionamento com as partes envolvidas no processo judicial também é uma habilidade que deve ser trabalhada. Construir uma relação respeitosa e profissional com advogados, juízes e as partes litigantes é essencial para o sucesso da atuação do perito.

A forma como o perito se apresenta, sua postura e a maneira como se comunica podem influenciar diretamente a percepção de suas avaliações e laudos. Ser respeitoso, educado e acessível, ao mesmo tempo em que se mantém firme em suas conclusões técnicas, ajuda a estabelecer a credibilidade necessária para a atuação.

Networking é uma estratégia poderosa que pode abrir portas para novas oportunidades e colaborações. Participar de eventos do setor, conferências e grupos de discussão sobre perícia judicial não apenas amplia o conhecimento, mas também permite que o perito construa uma rede de contatos valiosa.

Cultivar relacionamentos com outros profissionais da área pode resultar em parcerias frutíferas e na troca de experiências que enriquecem a prática profissional. Além disso, essas conexões podem ser cruciais na hora de buscar referências ou indicações para novos casos.

Em suma, o desenvolvimento de habilidades interpessoais e de comunicação é tão importante quanto o domínio técnico nas áreas de atuação do perito. A capacidade de se comunicar de forma clara, a empatia no trato com as partes e o fortalecimento de uma rede de contatos são elementos que, juntos, formam a base para uma carreira bem-sucedida e respeitada na perícia judicial. O compromisso com a evolução pessoal e profissional, aliado à busca contínua por aprendizado, pode transformar a atuação do perito em uma jornada rica e gratificante, repleta de oportunidades para contribuir com a justiça e a verdade.

O planejamento de carreira e a definição de metas profissionais são passos cruciais para quem deseja se destacar na área da perícia judicial. Estabelecer objetivos claros, tanto de curto quanto de longo prazo, ajuda a direcionar esforços e a manter o foco nas conquistas desejadas. Ao pensar na trajetória, é essencial considerar não apenas a área de atuação, mas também as competências que se deseja desenvolver ao longo do caminho.

Um dos primeiros passos na definição de metas é a autoavaliação. Pergunte-se: quais são suas paixões e habilidades? Em que áreas você gostaria de se especializar? Essa reflexão é fundamental para traçar um caminho que não apenas seja viável, mas que também traga satisfação pessoal e profissional. Por exemplo, se você se sente atraído pela psicologia e deseja ajudar pessoas em situações delicadas, uma especialização em perícia psicológica pode ser o caminho ideal.

Uma vez definidas as áreas de interesse, é hora de estabelecer metas. As metas de curto prazo podem incluir a conclusão de cursos de especialização ou a participação em workshops relevantes. Já as metas de longo prazo podem abranger a obtenção de certificações reconhecidas ou o desenvolvimento de um portfólio profissional robusto. É importante que essas metas sejam específicas, mensuráveis, alcançáveis, relevantes e temporais, ou seja, que tenham prazos definidos.

Além das metas, é fundamental criar um plano de ação. Esse plano deve detalhar os passos necessários para alcançar cada objetivo. Por exemplo, se uma das metas é obter uma certificação em perícia contábil, o plano pode incluir a pesquisa sobre instituições que oferecem o curso, a inscrição e a organização do tempo para os estudos. Essa abordagem estruturada não apenas facilita o cumprimento das metas, mas também proporciona uma sensação de progresso e realização.

Outra estratégia valiosa para o crescimento profissional é a participação em eventos da área. Conferências, seminários e palestras são oportunidades não apenas para adquirir conhecimento, mas também para se conectar com outros profissionais da área. Esses eventos oferecem um espaço para o networking, onde é possível trocar experiências, aprender sobre novas tendências e até mesmo encontrar potenciais mentores que podem guiar sua trajetória.

A reflexão sobre ética e responsabilidade também deve estar presente na construção da carreira. A atuação como perito judicial exige um compromisso com a verdade e a imparcialidade. Portanto, é essencial que cada profissional desenvolva uma consciência ética sólida, compreendendo a importância de agir com integridade em todas as situações. Essa responsabilidade não apenas impacta a vida das partes envolvidas nos processos, mas também molda a reputação do perito no mercado.

Por fim, a jornada na perícia judicial é uma construção contínua. Ao longo do tempo, é importante revisar e ajustar as metas, refletindo sobre as conquistas e desafios enfrentados. Essa flexibilidade permite que o profissional se adapte às mudanças do mercado e busque novas oportunidades, garantindo que sua carreira permaneça em constante evolução.

Em resumo, o planejamento de carreira e a definição de metas profissionais são elementos fundamentais para o sucesso na perícia judicial. Ao estabelecer objetivos claros, criar um plano de ação e manter um compromisso ético, os peritos podem construir uma trajetória rica em realizações e contribuições significativas para a justiça. A dedicação e o foco na formação contínua são os pilares que sustentarão uma carreira sólida e respeitada, permitindo que cada profissional se destaque em sua área de atuação.

Capítulo 6

O PAPEL DO PERITO JUDICIAL

Ser um perito judicial é muito mais do que simplesmente aplicar conhecimentos técnicos, é assumir um papel fundamental na busca pela verdade dentro do sistema jurídico.

O perito atua como um auxiliar do juiz, o "*longa manus*" do magistrado, oferecendo sua *expertise* para esclarecer questões técnicas que podem ser decisivas para a resolução de um litígio. Essa função exige não apenas um profundo conhecimento na área de atuação, mas também um comprometimento inabalável com a imparcialidade e a objetividade.

A principal função do perito é realizar inspeções e análises que ajudem a elucidar os fatos em disputa. Isso pode incluir a coleta de evidências, a avaliação de documentos e a realização de testes práticos.

Por exemplo, em um caso de acidente de trânsito, o perito pode ser chamado para analisar as condições da estrada, o estado dos veículos envolvidos. Cada uma dessas atividades deve ser realizada com rigor e atenção aos detalhes, pois a precisão das informações apresentadas pode influenciar diretamente o resultado do processo.

Além das inspeções e análises, o perito é responsável por elaborar laudos técnicos que documentem suas conclusões. Esses laudos são a principal forma de comunicação do perito com o sistema judicial e, portanto, devem ser elaborados com clareza e fundamentação técnica sólida. Um laudo bem estruturado não apenas apresenta os dados coletados, mas também contextualiza as informações, explicando sua relevância para o caso em questão. É aqui que a habilidade de comunicação se torna vital, pois o laudo deve ser compreensível tanto para profissionais da área quanto para aqueles sem formação técnica.

As responsabilidades éticas do perito judicial não podem ser subestimadas. O compromisso com a verdade deve ser a base de toda a atuação do perito. Isso significa que o profissional deve evitar conflitos de interesse e agir com integridade, mesmo diante de pressões externas. A ética na perícia é um pilar fundamental que garante a credibilidade do trabalho do perito e a confiança das partes envolvidas no processo. O perito deve sempre se lembrar de que sua função é servir à justiça, e não a interesses pessoais ou de terceiros.

Portanto, o papel do perito judicial é complexo e multifacetado. Envolve a combinação de conhecimento técnico, habilidades de comunicação e um forte compromisso ético. A responsabilidade que vem com essa função é imensa, mas também é uma oportunidade de contribuir significativamente para a justiça e a verdade. Cada laudo elaborado, cada análise realizada e cada interação com o sistema judicial são passos que ajudam a moldar um futuro mais justo e equitativo para todos.

A elaboração de laudos técnicos é uma das tarefas mais importantes na atuação de um perito judicial. Esses documentos não apenas sintetizam as análises realizadas, mas também servem como um elo entre o conhecimento técnico do perito e o entendimento das partes envolvidas no processo judicial. Para garantir que um laudo seja eficaz, é essencial que ele siga uma estrutura bem definida e que cada seção cumpra seu papel de maneira clara e objetiva.

Um laudo pericial típico começa com uma introdução que contextualiza o caso. Nessa seção, o perito deve apresentar informações básicas, como os dados das partes envolvidas, a natureza da demanda e o objetivo da perícia. Essa introdução deve ser concisa, mas suficientemente informativa para que o leitor compreenda o escopo do trabalho. É como abrir um livro: as primeiras páginas precisam capturar a atenção e preparar o leitor para o que está por vir.

A metodologia é a próxima seção e talvez uma das mais cruciais. Aqui, o perito deve descrever os métodos e técnicas utilizados na análise, detalhando como as informações foram coletadas e quais procedimentos foram adotados. Essa transparência é fundamental, pois permite que o juiz e as partes compreendam a validade das conclusões apresentadas. Por exemplo, se um engenheiro está avaliando a estrutura de um edifício, ele deve mencionar quais testes foram realizados e quais normas técnicas foram seguidas. Essa clareza não apenas fortalece a credibilidade do laudo, mas também demonstra a competência do perito.

Na seção de análise, o perito deve apresentar os dados coletados e discutir suas implicações. É aqui que o conhecimento técnico se transforma em insights valiosos. O perito deve ser capaz de interpretar os dados de forma que qualquer leitor, independentemente de sua formação, possa entender as conclusões. Isso pode ser desafiador, mas é fundamental. Uma análise bem feita pode esclarecer questões complexas e ajudar a resolver disputas de maneira justa.

Por fim, a conclusão deve sintetizar os principais achados e oferecer respostas às questões levantadas no início do laudo. É o momento de reafirmar as conclusões de forma clara e direta, evitando jargões que possam confundir o leitor. Um laudo eficaz não deixa margem para dúvidas; ele apresenta as informações de maneira que todos possam compreendê-las, independentemente de seu conhecimento técnico.

A clareza e a objetividade são, portanto, essenciais na elaboração de laudos periciais. O perito deve sempre ter em mente que seus documentos serão lidos por pessoas que podem não ter a mesma formação técnica. Para facilitar a compreensão, é recomendável o uso de gráficos, tabelas e ilustrações, sempre que possível. Esses recursos visuais podem ajudar a transmitir informações complexas de maneira mais acessível e intuitiva.

Além disso, é importante que o perito revise cuidadosamente o laudo antes de sua entrega. A revisão deve focar não apenas na correção gramatical, mas também na consistência e na lógica das informações apresentadas. Um laudo bem elaborado e revisado transmite profissionalismo e respeito pelo trabalho judicial, além de reforçar a credibilidade do perito.

Aprendi com um professor de perícia certa vez, uma expressão popular da área pericial que diz: "deixar o laudo na geladeira", ou seja, após o término do laudo é importante não protocolar às pressas, e sim, fazer a sua revisão com calma.

Em resumo, a elaboração de laudos técnicos é uma habilidade que exige prática e atenção aos detalhes. Ao seguir uma estrutura clara, utilizar uma linguagem acessível e revisar cuidadosamente o documento, o perito pode garantir que suas análises sejam compreendidas e valorizadas, contribuindo assim para a busca pela verdade no sistema judicial. Cada laudo é uma oportunidade de fazer a diferença, de trazer clareza onde há confusão e de auxiliar na construção de um resultado justo para todos os envolvidos.

A comunicação eficaz é um dos pilares que sustentam a atuação de um perito judicial. Não se trata apenas de transmitir informações; é sobre como essa transmissão é feita, garantindo que cada palavra ressoe com clareza e propósito. A habilidade de se comunicar bem é essencial, tanto na elaboração de laudos quanto na apresentação oral em juízo.

O perito deve ter em mente que sua função é tornar o complexo em compreensível, facilitando a compreensão para todos os envolvidos, desde o juiz até as partes litigantes.

Ao elaborar um laudo, a comunicação deve ser clara e acessível. O perito deve evitar jargões técnicos que possam confundir quem não possui formação específica na área. A escolha de palavras simples, mas precisas, é fundamental. Cada seção do laudo deve fluir de maneira lógica, conduzindo o leitor por um caminho que esclareça as análises e conclusões.

A introdução deve contextualizar o caso de forma concisa, enquanto a metodologia deve explicar os métodos utilizados de maneira transparente. Na análise, é o momento de apresentar os dados de forma interpretativa, ajudando o leitor a entender suas implicações. Por fim, as conclusões devem sintetizar as informações de maneira direta e objetiva, sem deixar espaço para dúvidas.

Preparar-se para apresentar o laudo em juízo é um passo igualmente importante. Caso seja necessário, numa audiência de instrução e julgamento, por exemplo, a primeira impressão conta muito, e a forma como o perito se apresenta pode influenciar a percepção de sua credibilidade.

A gestão do nervosismo é uma habilidade que pode ser desenvolvida com prática e preparação. Ensaiar a apresentação, familiarizando-se com o conteúdo e a estrutura do laudo, ajuda a criar confiança. Além disso, a organização do conteúdo a ser apresentado deve seguir uma lógica que facilite a compreensão, permitindo que o juiz e os advogados acompanhem o raciocínio de forma fluida.

A linguagem corporal e o tom de voz desempenham um papel crucial na comunicação. Um olhar firme, uma postura ereta e gestos que complementem a fala podem transmitir segurança e profissionalismo. O tom de voz deve ser claro e audível, evitando murmúrios ou um discurso monótono que possa desinteressar os ouvintes. Uma entonação adequada ajuda a enfatizar pontos importantes e a manter a atenção de todos.

A interação com o juiz e os advogados durante as audiências é outro aspecto que merece destaque. Estabelecer um relacionamento respeitoso e profissional é essencial. O perito deve ouvir atentamente as perguntas e comentários, respondendo de maneira ponderada e fundamentada. É importante estar preparado para questionamentos que podem surgir, e isso requer um conhecimento profundo do laudo e dos dados apresentados. Responder de forma clara e fundamentada não apenas demonstra domínio sobre o assunto, mas também reforça a credibilidade do perito.

Por fim, a comunicação eficaz vai além das palavras. A empatia e a capacidade de se colocar no lugar do outro são habilidades que podem facilitar a interação com as partes envolvidas. Muitas vezes, o ambiente judicial é carregado de tensão, e compreender as emoções e preocupações dos outros pode criar um espaço de diálogo mais produtivo. O perito deve sempre lembrar que, por trás dos processos, existem pessoas que buscam justiça e compreensão.

Em suma, a comunicação eficaz é uma habilidade que requer prática e dedicação. Ao dominar a arte de comunicar, o perito não apenas se destaca em sua atuação, mas também contribui significativamente para a busca pela verdade no sistema judicial. Cada palavra, cada gesto e cada interação são oportunidades de construir confiança e credibilidade, fundamentais para o sucesso na carreira de perito judicial.

A contribuição do perito judicial para a justiça é inegável e vai muito além da simples aplicação de conhecimentos técnicos. O perito desempenha um papel vital na resolução de conflitos, ajudando a esclarecer questões que muitas vezes são complexas e repletas de nuances. Cada laudo elaborado não é apenas um documento; é uma peça fundamental que pode influenciar a vida das pessoas envolvidas, moldando decisões que afetam diretamente seus destinos.

Ao longo da história, muitos casos emblemáticos demonstraram como a atuação do perito foi decisiva. Pense, por exemplo, em um caso de responsabilidade civil onde um laudo pericial sobre a segurança de um produto foi crucial para determinar se a empresa deveria ser responsabilizada por danos causados a consumidores. A clareza e a precisão do laudo não apenas ajudaram a estabelecer a verdade dos fatos, mas também garantiram que a justiça fosse feita, respeitando os direitos dos afetados.

Entretanto, essa responsabilidade vem acompanhada de desafios significativos. O perito frequentemente enfrenta pressões externas, seja de partes interessadas que desejam influenciar o resultado, seja da complexidade intrínseca dos casos que exigem uma análise minuciosa. Manter a imparcialidade em meio a esse cenário é um desafio constante. Para isso, o perito deve cultivar uma forte ética profissional, sempre guiado pelo compromisso com a verdade. A integridade deve ser a bússola que orienta cada decisão, cada análise e cada laudo.

Além disso, o ambiente judicial pode ser um campo minado de emoções. Muitas vezes, as partes envolvidas estão lidando com situações de grande estresse e ansiedade. O perito, ao interagir com essas pessoas, deve ser capaz de demonstrar empatia, criando um espaço de confiança e respeito. Essa habilidade não só facilita a comunicação, mas também ajuda a construir um ambiente mais colaborativo, onde a busca pela verdade se torna uma prioridade compartilhada.

O compromisso do perito com a verdade e a justiça não é apenas uma obrigação ética; é uma missão. Cada análise, cada laudo e cada interação são oportunidades para fazer a diferença. A atuação do perito judicial deve sempre ser vista como uma contribuição para um sistema mais justo, onde a verdade prevalece e as injustiças são corrigidas. A responsabilidade é grande, mas a recompensa de saber que se está ajudando a construir um futuro mais equitativo é ainda maior.

Capítulo 7

ASPECTOS LEGAIS E ÉTICOS DA PERÍCIA JUDICIAL

A atuação do perito judicial não se dá em um vácuo; ela é moldada por um complexo conjunto de normas e legislações que definem seus direitos, deveres e limitações. Compreender o marco legal da perícia é fundamental para qualquer profissional que deseje atuar com responsabilidade e ética dentro do sistema judicial. O Código de Processo Civil (CPC) é uma das principais legislações que regem a prática da perícia judicial no Brasil. Ele estabelece diretrizes que orientam a atuação dos peritos, assegurando que suas análises e laudos sejam não apenas técnicos, mas também justos e imparciais.

O CPC, em seu artigo 156, destaca que a prova pericial deve ser realizada por um especialista, cuja nomeação deve levar em conta a complexidade da matéria e a necessidade de conhecimentos técnicos. Essa exigência ressalta a importância da qualificação e da experiência do perito, pois a credibilidade de suas conclusões dependerá diretamente de sua formação e expertise. Além disso, o Código também prevê que o perito deve ser imparcial, o que implica que ele não pode ter interesses pessoais que possam influenciar suas análises.

O código regulamenta que para ser nomeado perito, o profissional deve ser "legalmente habilitado", e o que seria um profissional legalmente habilitado?

O CPC de 2015 (atualmente vigente) trouxe a redação acima descrita no §1º (Os peritos serão nomeados entre os profissionais legalmente habilitados...), contudo, o CPC de 1973 (revogado), tinha uma redação, que ao meu entender era mais clara, vejamos o que dizia o CPC anterior:

> "Art. 145. (...)
>
> § 1º Os peritos serão escolhidos entre profissionais de nível universitário, devidamente inscritos no órgão de classe competente, respeitado o disposto no Capítulo Vl, seção Vll, deste Código." (CPC REVOGADO)

Será que o CPC atual quis dizer que a expressão "legalmente habilitado", significa "profissionais de nível universitário, devidamente inscritos no órgão de classe competente", como dizia o CPC anterior?

Nesse sentido, acredito ser necessário adentrar nas normas profissionais de cada profissão para que possamos entender o espírito da lei processual civil atual.

Vejamos o que diz o Decreto-Lei nº 9.295/1946 que cria o Conselho Federal de Contabilidade, define as atribuições do Contador e do Guarda-livros, e dá outras providências:

> "Art. 12. Os profissionais a que se refere este Decreto-Lei somente poderão exercer a profissão após a regular conclusão do curso de Bacharelado em Ciências Contábeis, reconhecido pelo Ministério da Educação, aprovação em Exame de Suficiência e registro no Conselho Regional de Contabilidade a que estiverem sujeitos.
>
> (...)
>
> Art. 25. São considerados trabalhos técnicos de contabilidade:
>
> (...)

> c) **perícias judiciais ou extrajudiciais**, revisão de balanços e de contas em geral, verificação de haveres revisão permanente ou periódica de escritas, regulações judiciais ou extrajudiciais de avarias grossas ou comuns, assistência aos Conselhos Fiscais das sociedades anônimas e quaisquer outras atribuições de natureza técnica conferidas por lei aos profissionais de contabilidade." (**GRIFO NOSSO**)

Assim, fazendo a leitura do § 1º do CPC atual c/c os arts. 12 e 25 do Decreto-Lei nº 9.295/1946, chegamos num entendimento que para nomear um Perito Judicial Contábil, por mais que o CPC atual não recepcionou o que dizia o CPC anterior revogado, e a letra da lei não esteja devidamente clara, *in casu*, deve ser um Contador, entendendo como esse, o Bacharel em Ciências Contábeis (nível superior) com registro no órgão de classe competente, e não um Técnico em Contabilidade, profissional também legalmente habilitado, porém de nível médio.

Contudo, em que pese os argumentos expostos, e, haja vista a discricionariedade do magistrado, é ele que vai realizar a sua escolha e fazer o seu juízo de valor e ponderação, a respeito do que seria essa expressão "legalmente habilitado" na hora de nomear o perito no caso concreto.

Não obstante, além das exigências legais esposadas, o perito judicial deve ter a confiança do juiz, pois, ele será os olhos e ouvidos do Magistrado e detém conhecimentos técnicos que este não possui.

A confiança é aspecto muito pessoal, pois nesse momento (da nomeação), o juiz exerce sua discricionariedade, pois escolherá em dentre muitos, constantes no cadastro do ferido tribunal.

Outro aspecto importante a ser considerado é a responsabilidade civil do perito. Ele deve atuar com diligência e cuidado, pois qualquer erro ou omissão em seu trabalho pode resultar em danos significativos para as partes envolvidas.

A jurisprudência brasileira tem se mostrado rigorosa em relação à responsabilidade dos peritos, e, por isso, é imprescindível que os profissionais compreendam não apenas as normas que regem sua atuação, mas também as possíveis consequências de suas ações.

Além do CPC, existem outras legislações e normas que podem influenciar a atuação dos peritos judiciais, como as leis, normas e resoluções específicas de cada área de atuação, que estabelecem requisitos e procedimentos adicionais. Por exemplo, na área da engenharia, as normas técnicas da Associação Brasileira de Normas Técnicas (ABNT) são fundamentais para garantir que as análises sejam realizadas de acordo com os padrões exigidos.

A importância de compreender o marco legal não se limita apenas ao cumprimento das normas, ele também serve como uma base para que o perito possa se posicionar de maneira firme e ética em situações desafiadoras. Ao conhecer seus direitos e deveres, o perito se torna mais capaz de resistir a pressões externas que possam tentar comprometer sua imparcialidade. O conhecimento das leis é, portanto, uma ferramenta poderosa que permite ao perito atuar com segurança e confiança, contribuindo assim para a integridade do sistema judicial.

Neste cenário, a ética se torna uma extensão natural do conhecimento legal. O compromisso com a verdade e a justiça deve ser o norte que guia cada decisão e cada ação do perito. A ética não é apenas um conjunto de regras a serem seguidas, mas sim uma filosofia de atuação que deve permeá-lo em todas as suas interações e análises.

Assim, ao adentrar no universo da perícia judicial, o profissional deve estar ciente de que sua atuação será constantemente avaliada não apenas pela qualidade técnica de seu trabalho, mas também pela sua conduta ética. É essa combinação de conhecimento legal e compromisso ético que formará a base de uma carreira sólida e respeitada no campo da perícia judicial.

Códigos de ética e conduta profissional são fundamentais na atuação dos peritos judiciais, pois orientam suas práticas e decisões diárias. Esses códigos não são apenas um conjunto de regras a serem seguidas, eles refletem princípios que devem ser incorporados à identidade do perito. A imparcialidade, a confidencialidade e a responsabilidade são os pilares que sustentam a ética na perícia.

A imparcialidade é essencial para garantir que o perito atue com justiça, sem se deixar influenciar por interesses pessoais ou pressões externas. É comum que, em processos judiciais, as partes envolvidas tenham expectativas diferentes sobre o resultado. O perito deve, portanto, manter uma postura neutra, focando exclusivamente nos dados e evidências, e não em quem está solicitando sua análise. Essa neutralidade não apenas fortalece a credibilidade do perito, mas também assegura que suas conclusões sejam respeitadas e aceitas por todos os envolvidos.

A confidencialidade é outro aspecto crucial. O perito frequentemente lida com informações sensíveis que podem impactar a vida das pessoas. É fundamental que essas informações sejam tratadas com o máximo de sigilo, evitando que dados pessoais ou detalhes do caso sejam divulgados indevidamente. Essa responsabilidade de proteger a privacidade das partes não apenas cumpre uma exigência legal, mas também é uma demonstração de respeito e ética profissional.

A responsabilidade do perito se estende à qualidade de seu trabalho. O profissional deve estar ciente de que suas análises e laudos podem ter consequências significativas para as partes envolvidas, influenciando decisões judiciais e, muitas vezes, mudando vidas. Portanto, é imprescindível que o perito atue com diligência e cuidado, assegurando que suas conclusões sejam fundamentadas em dados precisos e análises rigorosas. A negligência ou a falta de atenção aos detalhes podem resultar em erros que prejudicam a justiça e a confiança depositada no sistema.

Situações desafiadoras podem surgir, colocando à prova os princípios éticos do perito. Imagine um cenário em que uma das partes tenta influenciar o perito, oferecendo benefícios pessoais em troca de um laudo favorável. Nesse momento, o profissional deve lembrar-se de seu compromisso com a verdade e a justiça. Recusar essas propostas e manter a integridade é essencial para preservar não apenas sua reputação, mas também a credibilidade do sistema judicial como um todo.

Os códigos de ética também promovem a educação contínua e o aperfeiçoamento profissional. O perito deve estar sempre atualizado em relação às normas e práticas de sua área de atuação. Participar de cursos, seminários e grupos de discussão não apenas enriquece o conhecimento do profissional, mas também demonstra um compromisso com a excelência e a responsabilidade. Essa busca incessante por conhecimento é uma forma de honrar a profissão e as pessoas que dependem de seu trabalho.

Em resumo, os códigos de ética e conduta profissional são fundamentais para a atuação dos peritos judiciais. A imparcialidade, a confidencialidade e a responsabilidade são princípios que devem ser vividos diariamente, moldando a identidade do perito. Ao enfrentar desafios éticos, o profissional deve se lembrar de que sua missão é contribuir para a justiça e a verdade, mantendo sempre a integridade e o respeito pelas partes envolvidas. É essa postura ética que garante a credibilidade do perito e a confiança no sistema judicial, assegurando que a busca pela verdade prevaleça em cada análise e laudo.

Dilemas éticos são uma realidade na vida de um perito judicial, e enfrentá-los com integridade é fundamental para manter a credibilidade e a confiança no sistema. Um dos dilemas mais comuns diz respeito aos conflitos de interesse.

Imagine que um perito é chamado para avaliar um caso em que um amigo pessoal é uma das partes envolvidas. Nesse momento, a integridade do profissional é posta à prova. A decisão de aceitar ou recusar o trabalho deve ser pautada pela ética. O perito deve sempre considerar se sua imparcialidade pode ser comprometida, pois a percepção de parcialidade pode prejudicar não apenas sua carreira, mas também a confiança no sistema judicial.

Nesse sentido, o artigo 148 do Código de Processo Civil diz textualmente que:

> "Art. 148. Aplicam-se os **motivos de impedimento e de suspeição**:
>
> I - ao membro do Ministério Público;
>
> **II - aos auxiliares da justiça**;
>
> III - aos demais sujeitos imparciais do processo.
>
> § 1º A parte interessada deverá arguir o impedimento ou a suspeição, em petição fundamentada e devidamente instruída, na primeira oportunidade em que lhe couber falar nos autos.
>
> § 2º O juiz mandará processar o incidente em separado e sem suspensão do processo, ouvindo o arguido no prazo de 15 (quinze) dias e facultando a produção de prova, quando necessária.
>
> § 3º Nos tribunais, a arguição a que se refere o § 1º será disciplinada pelo regimento interno.
>
> § 4º O disposto nos §§ 1º e 2º não se aplica à arguição de impedimento ou de suspeição de testemunha." **(grifo nosso)**

Como vemos acima, os mesmos motivos de impedimento e suspeição do juiz são aplicados aos auxiliares da justiça, e, como o perito é um deles, a partir de sua nomeação e confirmada sua atuação, deve também se atentar a tal regramento.

Assim, com essa afirmação acima, trazemos a leitura dos artigos 144 e 145 do CPC que tratam do impedimento e suspeição do juiz, que, deve ser observado pelo perito judicial.

O artigo 144 do CPC trata do impedimento, vejamos:

> "Art. 144. Há impedimento do juiz, sendo-lhe vedado exercer suas funções no processo:
>
> I - em que interveio como mandatário da parte, oficiou como perito, funcionou como membro do Ministério Público ou prestou depoimento como testemunha;
>
> II - de que conheceu em outro grau de jurisdição, tendo proferido decisão;
>
> III - quando nele estiver postulando, como defensor público, advogado ou membro do Ministério Público, seu cônjuge ou companheiro, ou qualquer parente, consanguíneo ou afim, em linha reta ou colateral, até o terceiro grau, inclusive;
>
> IV - quando for parte no processo ele próprio, seu cônjuge ou companheiro, ou parente, consanguíneo ou afim, em linha reta ou colateral, até o terceiro grau, inclusive;
>
> V - quando for sócio ou membro de direção ou de administração de pessoa jurídica parte no processo;
>
> VI - quando for herdeiro presuntivo, donatário ou empregador de qualquer das partes;
>
> VII - em que figure como parte instituição de ensino com a qual tenha relação de emprego ou decorrente de contrato de prestação de serviços;
>
> VIII - em que figure como parte cliente do escritório de advocacia de seu cônjuge, companheiro ou parente, consanguíneo ou afim, em linha reta ou colateral, até o terceiro grau, inclusive, mesmo que patrocinado por advogado de outro escritório;
>
> IX - quando promover ação contra a parte ou seu advogado.
>
> § 1º Na hipótese do inciso III, o impedimento só se verifica quando o defensor público, o advogado ou o membro do

> Ministério Público já integrava o processo antes do início da atividade judicante do juiz.
>
> § 2º É vedada a criação de fato superveniente a fim de caracterizar impedimento do juiz.
>
> § 3º O impedimento previsto no inciso III também se verifica no caso de mandato conferido a membro de escritório de advocacia que tenha em seus quadros advogado que individualmente ostente a condição nele prevista, mesmo que não intervenha diretamente no processo."

Nessa mesma linha, o artigo 145 do CPC trata da suspeição, vejamos:

> "Art. 145. Há suspeição do juiz:
>
> I - amigo íntimo ou inimigo de qualquer das partes ou de seus advogados;
>
> II - que receber presentes de pessoas que tiverem interesse na causa antes ou depois de iniciado o processo, que aconselhar alguma das partes acerca do objeto da causa ou que subministrar meios para atender às despesas do litígio;
>
> III - quando qualquer das partes for sua credora ou devedora, de seu cônjuge ou companheiro ou de parentes destes, em linha reta até o terceiro grau, inclusive;
>
> IV - interessado no julgamento do processo em favor de qualquer das partes.
>
> § 1º Poderá o juiz declarar-se suspeito por motivo de foro íntimo, sem necessidade de declarar suas razões.
>
> § 2º Será ilegítima a alegação de suspeição quando:
>
> I - houver sido provocada por quem a alega;
>
> II - a parte que a alega houver praticado ato que signifique manifesta aceitação do arguido."

Destarte, a atuação do perito judicial está devidamente regulada por lei, é um auxiliar do juízo que vai trazer aos autos uma prova técnica específica, dentro da área de seu conhecimento.

A responsabilidade de manter a objetividade também é um desafio constante. Em um cenário onde as emoções estão à flor da pele, o perito deve ser capaz de separar suas opiniões pessoais dos fatos.

Um exemplo prático é um laudo que envolve um acidente de trânsito. O perito pode se sentir inclinado a simpatizar com uma das partes devido a histórias pessoais semelhantes. No entanto, é crucial que ele se mantenha focado nas evidências e na análise técnica, garantindo que suas conclusões sejam baseadas em dados concretos e não em emoções.

Por fim, a autorreflexão é uma prática valiosa. O perito deve reservar momentos para avaliar suas decisões e ações, questionando-se se agiu de acordo com seus princípios éticos. Essa prática não apenas fortalece a integridade pessoal, mas também contribui para a construção de uma carreira sólida e respeitável. Lidar com dilemas éticos não é uma tarefa fácil, mas é uma parte essencial da jornada de um perito judicial comprometido com a justiça e a verdade. A forma como um perito enfrenta esses desafios pode definir sua reputação e a confiança que o sistema judicial deposita em seu trabalho.

As consequências da violação ética e legal na atuação do perito judicial podem ser profundas e abrangentes, afetando não apenas a carreira do profissional, mas também a integridade do sistema judicial como um todo. Quando um perito se desvia das normas estabelecidas, ele não apenas compromete sua própria reputação, mas também coloca em risco a confiança que as partes e o juiz depositam em seu trabalho. Essa confiança é fundamental, pois o perito é visto como um auxiliar do juiz, alguém que deve trazer clareza e verdade ao processo.

Uma das consequências mais imediatas de uma violação ética pode ser a responsabilização civil. Se um perito emite um laudo que contém erros ou omissões significativas, ele pode ser responsabilizado por danos causados às partes envolvidas.

Isso não apenas prejudica as pessoas diretamente afetadas, mas também pode resultar em ações judiciais contra o perito, levando a sanções financeiras e à possibilidade de perder a licença para atuar na área. A jurisprudência brasileira é clara em relação a isso, e os peritos devem estar cientes de que sua responsabilidade vai além da técnica, ela abrange a ética e a integridade de suas análises. Claro que tudo isso também tem que ser provado em ambiente apartado, com a oportunidade da ampla defesa e do devido processo legal.

Além das consequências legais, a violação ética pode ter um impacto duradouro na reputação do perito. No mundo da perícia judicial, a credibilidade é tudo. Uma vez que a confiança é abalada, pode ser extremamente difícil recuperá-la. Os profissionais que se envolvem em práticas antiéticas podem se ver excluídos de oportunidades de trabalho, e sua capacidade de atuar como peritos em futuros casos podem ser severamente comprometida. A comunidade jurídica é pequena, e a má reputação pode se espalhar rapidamente, resultando em um efeito dominó que prejudica a carreira do perito.

Outro aspecto a ser considerado é o impacto que a violação ética pode ter no sistema judicial. Quando um laudo pericial é questionado devido a práticas inadequadas, há um risco significativo de que a decisão judicial baseada nesse laudo seja contestada. Isso não apenas retarda o processo de justiça, mas também pode levar a um aumento na litigiosidade, à desconfiança no sistema e à sensação de que a justiça não está sendo servida. Cada laudo pericial deveria ser uma contribuição para a verdade e a justiça; quando isso não acontece, todos perdem.

Por fim, a violação das normas éticas e legais pode também gerar um efeito cascata, influenciando a percepção pública sobre a profissão de perito. A sociedade espera que os peritos ajam com integridade e responsabilidade, e qualquer desvio dessa expectativa pode resultar em um desgaste da imagem da profissão. Isso pode levar a uma diminuição no número de profissionais dispostos a se dedicar à perícia judicial, impactando negativamente a qualidade do trabalho realizado.

Diante de todas essas considerações, é evidente que manter altos padrões éticos e legais não é apenas uma obrigação, é uma necessidade para garantir a credibilidade e a eficácia da atuação do perito judicial. O compromisso com a ética deve ser uma prioridade constante, guiando cada decisão e ação, e assegurando que a busca pela verdade e pela justiça prevaleça em cada análise realizada. A integridade do perito é a base sobre a qual se constrói a confiança no sistema judicial, e essa confiança é essencial para que a justiça seja verdadeiramente servida.

Capítulo 8

NOMEAÇÃO DO PERITO E HONORÁRIOS PERICIAIS

A nomeação de peritos judiciais é um processo que carrega um peso significativo dentro do sistema jurídico. A escolha do profissional adequado pode ser a diferença entre uma análise precisa e uma conclusão questionável, impactando diretamente a qualidade da prova pericial e, consequentemente, a decisão do juiz. Quando um perito é nomeado, não se trata apenas de preencher uma vaga; é uma responsabilidade que exige total comprometimento com a verdade e a justiça.

Um exemplo claro dessa importância pode ser visto em casos de litígios complexos, onde a expertise do perito pode esclarecer questões técnicas que, se mal abordadas, podem levar a decisões judiciais erradas.

Imagine um processo em que um laudo pericial sobre as demonstrações financeiras de grande empresa que tem ações na bolsa de valores é elaborado por um contabilista sem a devida formação na área. As implicações disso podem ser devastadoras, não apenas para as partes envolvidas, mas também para a credibilidade do sistema judicial.

O processo de nomeação começa com a solicitação das partes envolvidas no litígio. É nesse momento que as partes devem apresentar suas razões para a escolha do perito, evidenciando a especialização necessária para o caso em questão.

A nomeação não é um ato aleatório, ela deve ser fundamentada em critérios objetivos, como a formação acadêmica, a experiência e a reputação do profissional. Isso garante que o juiz tenha em mãos um especialista que realmente possa contribuir para a elucidação dos fatos.

Após a solicitação, o juiz avaliará a situação proposta, e, se considerar pertinente, fará a nomeação do perito. É importante destacar que essa escolha deve ser feita com cautela, pois o perito atuará como um auxiliar do juízo, e sua análise terá um peso considerável na decisão final. Por isso, a escolha do perito deve ser realizada com base em critérios técnicos e éticos, garantindo que o profissional nomeado tenha a capacidade de produzir um laudo isento e fundamentado.

Ressalta-se aqui o que diz o Código de Processo Civil, vejamos:

> "Art. 156. O juiz será assistido por perito quando a prova do fato depender de conhecimento técnico ou científico.
>
> § 1º Os peritos serão nomeados entre os profissionais legalmente habilitados e os órgãos técnicos ou científicos devidamente inscritos em cadastro mantido pelo tribunal ao qual o juiz está vinculado."

De acordo com lei citada, poderão ser peritos profissionais legalmente habilitados e órgãos técnicos ou científicos.

Volto a destacar que no nosso entender, data vênia, os profissionais legalmente habilitados são aqueles profissionais de nível superior com registro do órgão de classe competente.

Por exemplo um Bacharel em Ciências Contábeis que não tiver registro no Conselho Regional de Contabilidade não teria competência para exercer a função pericial, pois, *in casu*, ele seria um bacharel e não um contador.

Da mesma forma com as demais profissões regulamentadas, como médico, engenheiro, arquiteto, etc.

Em tempo, volto a afirmar nosso entendimento que um Técnico em Contabilidade (nível médio), que possua nível superior em outra área, seja ela qual for, não teria a competência legal para realizar a perícia judicial contábil.

A aceitação do perito nomeado também é uma etapa crucial. Após a nomeação, o profissional deve confirmar sua disponibilidade e aceitação do trabalho. É nesse momento que o perito deve se certificar de que não há conflitos de interesse que possam comprometer sua imparcialidade. A transparência nessa fase é fundamental para que o processo transcorra de maneira justa e ética.

Além disso, a preparação do perito para a nomeação é um aspecto que não pode ser negligenciado. Um profissional que busca ser nomeado deve estar ciente da importância de sua reputação e da imagem que projeta no mercado.

Construir um portfólio sólido, com referências e experiências anteriores, pode ser um diferencial importante na hora da escolha. É essencial que o perito esteja sempre atualizado em relação às normas e práticas da sua área, demonstrando um compromisso com a excelência que será percebido tanto pelas partes quanto pelo juiz.

A credibilidade do perito, portanto, se torna um ativo valioso no processo de nomeação. A confiança depositada nele é um reflexo de sua trajetória profissional e de suas ações passadas. Um perito que mantém altos padrões éticos e profissionais, mesmo diante de situações desafiadoras, é aquele que se destaca e é lembrado positivamente no meio jurídico. É essa credibilidade que poderá influenciar o resultado do processo, pois um laudo bem fundamentado e isento de influências externas é mais propenso a ser aceito e respeitado.

Assim, a nomeação de peritos judiciais não é apenas uma formalidade, é um processo que exige atenção, ética e responsabilidade.

Desde a solicitação até a aceitação, cada etapa deve ser tratada com seriedade, pois está em jogo não apenas a qualidade da prova pericial, mas também a confiança no sistema judicial como um todo. O papel do perito é, portanto, um dos pilares na busca pela verdade e pela justiça, e sua atuação deve sempre refletir esse compromisso inabalável.

A nomeação de peritos judiciais é um processo que vai muito além de uma simples formalidade, trata-se de uma etapa crucial que pode definir o rumo de um litígio. Cada decisão tomada nesse processo tem o potencial de influenciar a qualidade da prova pericial e, consequentemente, a decisão do juiz. É fundamental que todos os envolvidos compreendam a importância dessa escolha, pois um perito adequado pode trazer clareza e precisão a questões complexas, enquanto uma nomeação inadequada pode gerar confusão e injustiças.

Quando as partes envolvidas em um litígio solicitam a nomeação de um perito, elas devem apresentar argumentos sólidos que justifiquem sua escolha. Essa solicitação não deve ser feita de maneira aleatória, é necessário que se considere a especialização do profissional em relação ao tema em questão. Por exemplo, em um caso que envolve engenharia civil, a nomeação de um perito com formação específica nessa área é essencial para que as análises sejam conduzidas com rigor técnico. A falta de atenção a esses detalhes pode resultar em laudos que não atendem às expectativas do juiz ou das partes, prejudicando a busca pela verdade.

Após a solicitação, o juiz assume um papel decisivo. Ele deve avaliar e analisar os nomes constantes no rol de inscritos no cadastro de seu tribunal, e, com base em critérios objetivos, determinar qual profissional será nomeado.

O cadastro supracitado está amparado no § 2º do artigo 156 c/c o § 2º do artigo 157, ambos do Código de Processo Civil, vejamos:

> "Art. 156. **O juiz será assistido por perito quando a prova do fato depender de conhecimento técnico ou científico.**

> § 1º **Os peritos serão nomeados** entre os profissionais legalmente habilitados e os órgãos técnicos ou científicos devidamente inscritos em cadastro mantido pelo tribunal ao qual o juiz está vinculado.
>
> § 2º **Para formação do cadastro, os tribunais devem realizar consulta pública,** por meio de divulgação na rede mundial de computadores ou em jornais de grande circulação, além de consulta direta a universidades, a conselhos de classe, ao Ministério Público, à Defensoria Pública e à Ordem dos Advogados do Brasil, para a indicação de profissionais ou de órgãos técnicos interessados.
>
> (...)
>
> Art. 157. O perito tem o dever de cumprir o ofício no prazo que lhe designar o juiz, empregando toda sua diligência, podendo escusar-se do encargo alegando motivo legítimo.
>
> (...)
>
> § 2º **Será organizada lista de peritos na vara ou na secretaria,** com disponibilização dos documentos exigidos para habilitação à consulta de interessados, **para que a nomeação seja distribuída de modo equitativo, observadas a capacidade técnica e a área de conhecimento.**" (grifo nosso)

Não obstante, cada tribunal terá o seu próprio cadastro e cada Vara ou Secretaria, terá a sua lista de peritos credenciados por área.

É nesse momento que a experiência e a reputação do perito se tornam fatores determinantes. Um juiz que confia na competência e na ética de um perito estará mais inclinado a aceitar suas conclusões, o que reforça a importância de que o profissional mantenha altos padrões em sua atuação.

Uma vez nomeado, o perito deve confirmar sua aceitação do trabalho. Essa etapa é crítica, pois o profissional precisa estar ciente de que sua imparcialidade deve ser preservada. Qualquer sinal de conflito de interesse pode comprometer não apenas sua credibilidade, mas também a confiança que o sistema judicial deposita em seu trabalho. Portanto, é imprescindível que o perito faça uma autoavaliação honesta, considerando se está apto a atuar de maneira isenta.

Nesse momento, o perito ao aceitar o encargo confiado, deve apresentar ao juízo sua proposta de honorários periciais.

O § 2º do artigo 465 do Código de Processo Civil diz textualmente que:

> "Art. 465. O juiz nomeará perito especializado no objeto da perícia e fixará de imediato o prazo para a entrega do laudo.
>
> (...)
>
> § 2º Ciente da nomeação, o perito apresentará em 5 (cinco) dias:
>
> I - proposta de honorários;
>
> II - currículo, com comprovação de especialização;
>
> III - contatos profissionais, em especial o endereço eletrônico, para onde serão dirigidas as intimações pessoais."

Portanto, ao ser nomeado, o perito deve analisar o processo, verificar algum caso de impedimento ou suspeição, avaliar seu grau de complexidade, e, peticionar nos autos, informando seu aceite ou não, contudo, ao aceitar, deve apresentar no mesmo momento os itens citados no § 2º do artigo 465, como: proposta de honorários; currículo, com comprovação e contato profissional.

A petição de proposta de honorários é uma peça altamente importante para o perito, pois é nela que deve ressoar, de forma minuciosa, todo o trabalho a ser desenvolvido, devendo ser clara e concisa, pois, o seu conteúdo influenciará no convencimento do valor apresentado pelo magistrado e/ou das partes.

Os honorários periciais devem ser fixados considerando o tempo despendido, o laudo apresentado, a formação universitária do perito e os custos para a elaboração, dentre outros argumentos que tiver, de forma comprovada, naquele momento.

É de bom alvitre o perito sempre atentar pela condição de autônomo/profissional liberal (quando assim o for), a necessidade de manutenção de escritório, máquinas e equipamentos para a realização dos trabalhos, materiais de escritório e expediente e informática, tanto hardware como software, bem como o número de horas a serem trabalhadas.

Sem prejuízo do relatado, a fixação dos honorários deve considerar a lucratividade do ofício, de forma a tornar possível o desempenho da atividade, haja vista que todo profissional deve ser remunerado pelo seu trabalho.

Tratar de remuneração é sempre difícil, pois quem está do outro lado sempre acha que o valor cobrado é alto, fora dos parâmetros do mercado local, etc., deve o perito dar bastante atenção a sua proposta de honorários.

Ressalta-se ainda, que as normas internas das profissões regulamentadas trazem parâmetros para uma proposta de honorários bem elaborada, como por exemplo a NBC PP 01 (R2) de 20 de fevereiro de 2025 do Conselho Federal de Contabilidade, que assim reza:

"**PLANEJAMENTO E HONORÁRIOS**

32. Na elaboração do planejamento e da respectiva proposta de honorários, o perito contábil deve considerar, entre outros fatores: o tempo, as etapas de trabalho previstas, a relevância, o vulto, os recursos tecnológicos, a extensão e profundidade dos exames e testes periciais, o risco, a responsabilidade, a complexidade operacional, a equipe técnica, o lugar e o tempo de execução e gestão exigidos para a prestação do serviço, as peculiaridades regionais, a forma de recebimento, os requisitos específicos de formação técnica, de habilitação legal e experiência e as condições especiais que envolvem a independência profissional, a competência e o renome do profissional e a possibilidade de ficar o perito contábil impedido de atuar em outros casos.

33. O perito contábil deve primar pela evidenciação dos critérios orientativos adotados na formação do preço dentro da proporcionalidade e razoabilidade que cada caso requer, objetivando a aprovação da sua proposta de honorários.

Elaboração de proposta

34. O perito contábil deve elaborar a proposta de honorários, quando possível, descrevendo o planejamento de forma a atender ao objeto e alcance do objetivo da perícia, e considerar as várias etapas do trabalho pericial até o término da instrução ou homologação do laudo pericial contábil.

35. O perito contábil deve ressalvar que as despesas com viagens, hospedagens, transporte, alimentação e outras despesas não estão inclusas na proposta de honorários, os quais devem ser objeto de pedido formal de ressarcimento.

36. O assistente técnico deve celebrar contrato de prestação de serviços com o seu cliente, observando as normas estabelecidas pelo Conselho Federal de Contabilidade."

Nesse diapasão, o pagamento da perícia judicial será feito pela parte que requereu a perícia ou rateada pelas partes caso ela tenha sido determinada de ofício pelo juiz ou solicitada por ambas as partes.

Assim, o processo de nomeação de peritos judiciais deve ser encarado com a seriedade que merece. Desde a solicitação até a aceitação, cada etapa exige atenção e responsabilidade. A atuação do perito, como auxiliar do juízo, é fundamental para garantir que a justiça seja realizada, e sua contribuição deve refletir um compromisso inabalável com a verdade e a ética. É essa dedicação que, no fim das contas, garante a integridade do sistema judicial e a confiança das partes envolvidas.

Preparar-se para a nomeação como perito judicial é um passo fundamental na construção de uma carreira sólida e respeitável. O profissional que deseja ser nomeado deve adotar estratégias eficazes que não apenas destaquem suas competências, mas também construam uma reputação de confiabilidade e ética.

Após a aceitação e apresentação da proposta de honorários periciais, o juiz intimará as partes para se manifestarem sobre a mesma, e, de acordo com o Código de Processo Civil, terão 5 (cinco) dias (artigo 465, § 3º do CPC).

Ademais, o valor dos honorários periciais será depositado em conta judicial e levantados ao término dos trabalhos.

Vejamos o que nos traz o art. 95 do CPC:

> "Art. 95. Cada parte adiantará a remuneração do assistente técnico que houver indicado, sendo a do perito adiantada pela parte que houver requerido a perícia ou rateada quando a perícia for determinada de ofício ou requerida por ambas as partes.
>
> § 1º O juiz poderá determinar que a parte responsável pelo pagamento dos honorários do perito deposite em juízo o valor correspondente.
>
> § 2º A quantia recolhida em depósito bancário à ordem do juízo será corrigida monetariamente e paga de acordo com o art. 465, § 4º."

Vale ressaltar que as partes podem concordar ou discordar do valor dos honorários, daí, deve o juiz analisar as alegações citadas, podendo o magistrado, manter os honorários de acordo com o que foi proposto pelo perito ou arbitrar em valor menor, de acordo com seu critério de ponderação.

Como normalmente o perito só vai receber os honorários periciais após concluído seu encargo, ou seja, após a feitura e depósito do laudo pericial e prestar todos os esclarecimentos que vierem a ser feitos, a lei processual trouxe a possibilidade dele receber o montante de até 50% (cinquenta por cento) de adiantamento, como forma do perito se capitalizar e minimizar os custos inerentes ao trabalho e poder concluir o trabalho pericial, desde que seja autorizado pelo juiz, nos termos do § 4º do art. 465 do CPC.

> "Art. 465 (...)
>
> § 4º O juiz poderá autorizar o pagamento de até cinquenta por cento dos honorários arbitrados a favor do perito no início dos trabalhos, devendo o remanescente ser pago apenas ao final, depois de entregue o laudo e prestados todos os esclarecimentos necessários."

Então, deve o perito acrescentar em sua petição de proposta de honorários o requerimento do pagamento de adiantamento acima citado, haja vista que o juiz não irá determinar tal possibilidade de ofício, e sim, se for provocado.

É importante ressaltar que a credibilidade não é algo que pode ser facilmente recuperado uma vez perdida. Um erro ou uma falha na condução de um laudo pode não apenas prejudicar a vida de uma das partes envolvidas, mas também manchar permanentemente a imagem do perito. Portanto, é imprescindível que o profissional atue sempre com diligência e cuidado, evitando qualquer situação que possa comprometer sua imparcialidade e integridade.

A confiança depositada no perito também é reforçada por sua capacidade de comunicação. Um perito que consegue explicar suas análises de forma clara e acessível, tanto em seus laudos quanto em suas apresentações em juízo, demonstra não apenas domínio técnico, mas também uma preocupação em tornar o conhecimento acessível. Essa habilidade de comunicação é um diferencial que pode fazer a diferença na aceitação do laudo e na credibilidade do perito.

Por fim, a construção da credibilidade é um processo contínuo. O perito deve estar sempre disposto a aprender e a se adaptar às mudanças na legislação, nas normas técnicas e nas expectativas do sistema judicial.

Em suma, a credibilidade do perito judicial é um elemento fundamental no processo de nomeação e atuação. É uma construção que demanda tempo, dedicação e integridade. Ao manter esse compromisso, o perito se torna um verdadeiro guardião da justiça, assegurando que a verdade prevaleça em cada análise realizada.

Capítulo 9

ELABORAÇÃO DE LAUDOS PERICIAIS

A elaboração de laudos periciais é uma das etapas mais cruciais no trabalho do perito judicial. Esses documentos técnicos não são apenas uma formalidade, eles desempenham um papel fundamental no processo judicial, servindo como a base sobre a qual o juiz fundamenta suas decisões.

Um laudo bem estruturado e claro pode trazer à tona a verdade dos fatos, oferecendo uma análise objetiva e fundamentada que pode influenciar diretamente o desfecho de um litígio. Por isso, a importância de um laudo pericial não pode ser subestimada.

Um laudo pericial tem como principal objetivo fornecer informações precisas e esclarecedoras sobre questões técnicas que envolvem o processo. Ele deve ser capaz de traduzir a complexidade de uma situação em dados compreensíveis, permitindo que todos os envolvidos, desde o juiz até as partes litigantes, tenham uma visão clara dos fatos. Essa clareza é vital, pois muitos casos judiciais envolvem detalhes técnicos que, se não forem bem explicados, podem gerar confusão e, consequentemente, injustiças.

Como ensinou um dos grandes doutrinadores da ciência contábil e que também foi um dos maiores peritos contábeis, A. Lopes de Sá, conceituou o laudo pericial como:

> "É o julgamento ou pronunciamento, baseado nos conhecimentos que tem o profissional da contabilidade, em face de eventos ou fatos que são submetidos a sua apreciação." (Ed. Atlas, 1996)

Moacyr Amaral Santos conceitua laudo:

> "consiste na fiel exposição das operações e ocorrências da diligência com o parecer fundamentado sobre a matéria que lhes foi submetida." (Ed. Saraiva, 2004)

Os peritos têm a responsabilidade de conduzir suas análises com rigor e imparcialidade, sempre focando na busca pela verdade. Isso implica não apenas em apresentar os dados coletados, mas também em interpretá-los de maneira que faça sentido no contexto do caso. Cada laudo deve ser elaborado com a consciência de que ele pode ter um impacto significativo na vida das pessoas envolvidas.

É de bom alvitre destacar que o artigo 466 do Código de Processo Civil diz:

> "Art. 466. O perito cumprirá escrupulosamente o encargo que lhe foi cometido, independentemente de termo de compromisso."

Como vemos acima, o CPC diz claramente que o perito terá que cumprir o encargo confiado. Por isso, cada acontecimento "extra-autos" que porventura venha a acontecer, é importante que o perito documente tudo, e, o que for importante, seja peticionado e informado ao magistrado da Vara em questão.

Acercado laudo pericial, o artigo 473 do Código de Processo Civil regulamenta que:

> "Art. 473. O laudo pericial deverá conter:

> I - a exposição do objeto da perícia;
>
> II - a análise técnica ou científica realizada pelo perito;
>
> III - a indicação do método utilizado, esclarecendo-o e demonstrando ser predominantemente aceito pelos especialistas da área do conhecimento da qual se originou;
>
> IV - resposta conclusiva a todos os quesitos apresentados pelo juiz, pelas partes e pelo órgão do Ministério Público.
>
> § 1º No laudo, o perito deve apresentar sua fundamentação em linguagem simples e com coerência lógica, indicando como alcançou suas conclusões.
>
> § 2º É vedado ao perito ultrapassar os limites de sua designação, bem como emitir opiniões pessoais que excedam o exame técnico ou científico do objeto da perícia.
>
> § 3º Para o desempenho de sua função, o perito e os assistentes técnicos podem valer-se de todos os meios necessários, ouvindo testemunhas, obtendo informações, solicitando documentos que estejam em poder da parte, de terceiros ou em repartições públicas, bem como instruir o laudo com planilhas, mapas, plantas, desenhos, fotografias ou outros elementos necessários ao esclarecimento do objeto da perícia."

Como relata a lei processual, ao iniciar a elaboração de um laudo, o perito deve ter em mente o artigo 473 do CPC e traçar os objetivos que deseja alcançar.

É fundamental que o documento não apenas responda às perguntas levantadas pelo juiz e pelas partes, mas que também antecipe possíveis dúvidas que possam surgir. Um laudo bem elaborado deve ser uma ferramenta que não apenas informa, mas que também educa, proporcionando uma compreensão mais profunda dos aspectos técnicos envolvidos.

Além disso, a estrutura do laudo pericial deve ser cuidadosamente planejada. Um documento organizado e lógico facilita a leitura e a compreensão, permitindo que o juiz e as partes naveguem pelas informações de maneira intuitiva. Cada seção do laudo deve ter um propósito claro, contribuindo para a construção de um raciocínio coeso que leve a conclusões fundamentadas.

Portanto, a elaboração de laudos periciais é uma tarefa que exige dedicação, conhecimento técnico e uma visão clara dos objetivos que se deseja alcançar. O perito deve estar sempre atento à importância de seu papel no sistema judicial, lembrando que suas análises e laudos podem ser a chave para a justiça. A busca pela verdade e pela clareza deve guiar cada passo na elaboração desse documento essencial, garantindo que a justiça prevaleça em cada caso analisado.

O primeiro elemento que deve ser incluído é a capa, que deve conter informações básicas como o título do laudo, o nome do perito, a data e o número do processo. Essa apresentação inicial é fundamental, pois estabelece o contexto do laudo e fornece uma identificação clara do documento.

Em seguida, o sumário é uma ferramenta valiosa que permite ao leitor visualizar rapidamente a organização do laudo. Um sumário bem estruturado facilita a navegação, permitindo que o juiz e as partes localizem rapidamente as seções de interesse. Isso é especialmente importante em laudos extensos, onde a clareza na apresentação é crucial.

A introdução deve ser redigida com atenção, pois é a parte onde o perito contextualiza o trabalho realizado. Nela, o perito deve descrever o objeto da perícia, as questões a serem respondidas e a metodologia que será utilizada. Essa seção deve ser objetiva e direta, evitando jargões que possam confundir o leitor. O objetivo é estabelecer uma base sólida para o restante do laudo.

No desenvolvimento do laudo, é crucial que o perito apresente os resultados de sua análise de maneira detalhada. Essa seção deve incluir a descrição da metodologia utilizada, os dados coletados e a interpretação desses dados. É aqui que o perito deve demonstrar seu conhecimento técnico, explicando como chegou às suas conclusões. A clareza nesta parte é vital, pois o juiz e as partes precisam entender a lógica por trás das análises.

As conclusões devem ser apresentadas de forma clara e concisa, sintetizando os principais achados da perícia. É fundamental que as conclusões estejam diretamente relacionadas às questões levantadas na introdução, garantindo que o laudo seja coerente e que todas as perguntas tenham sido respondidas. O perito deve evitar ambiguidades e ser objetivo, pois as conclusões serão a base para a decisão do juiz.

Os anexos são uma parte importante do laudo, pois podem incluir documentos adicionais que sustentem as análises e conclusões apresentadas. Isso pode incluir gráficos, tabelas, fotografias ou qualquer outro material que complemente o laudo. Os anexos devem ser referenciados ao longo do documento, de modo que o leitor saiba onde encontrar informações adicionais que possam enriquecer a compreensão do laudo.

Por fim, a apresentação do laudo deve seguir um padrão visual que facilite a leitura. O uso de fontes legíveis, espaçamento adequado e uma formatação consistente são aspectos que não devem ser negligenciados. Um laudo bem apresentado transmite profissionalismo e seriedade, refletindo o compromisso do perito com a qualidade de seu trabalho.

A estrutura e os componentes do laudo pericial são, portanto, fundamentais para garantir que o documento cumpra sua função no processo judicial. Um laudo claro, organizado e bem fundamentado não apenas auxilia o juiz na tomada de decisões, mas também reforça a credibilidade do perito, contribuindo para a confiança no sistema judicial como um todo. Cada detalhe na elaboração do laudo deve ser cuidadosamente considerado, pois é essa atenção que fará a diferença entre um laudo que informa e um que transforma a compreensão do caso em questão.

Técnicas de Redação e Apresentação do Laudo

A redação de um laudo pericial é uma arte que combina técnica e clareza. Cada palavra escolhida deve ser um passo em direção à transparência e à compreensão. Um laudo bem escrito não é apenas um documento, é uma ponte que conecta o conhecimento técnico do perito ao entendimento das partes envolvidas e do juiz. Portanto, é vital que o perito adote técnicas que garantam uma comunicação eficaz e acessível.

Para começar, a escolha da linguagem é crucial. Evitar jargões técnicos desnecessários é uma regra de ouro. Embora o perito possua um profundo conhecimento na sua área, é importante lembrar que o laudo será lido por pessoas que podem não ter a mesma formação. Essa simplicidade não apenas esclarece, mas também aproxima o leitor da realidade técnica que está sendo discutida.

Além disso, a estrutura das frases deve ser clara e objetiva. Frases longas e complexas podem causar confusão. O ideal é optar por sentenças mais curtas, que transmitam uma ideia de cada vez. Essa abordagem não apenas facilita a leitura, mas também assegura que a mensagem principal seja compreendida sem esforço.

A apresentação visual do laudo também desempenha um papel fundamental. Um documento bem formatado não apenas parece mais profissional, mas também melhora a legibilidade. O uso de cabeçalhos, listas e tabelas pode ajudar a organizar as informações de maneira que o leitor possa absorver rapidamente os pontos principais. Por exemplo, ao apresentar dados estatísticos, uma tabela pode ser mais eficaz do que um parágrafo longo. Isso permite que o juiz e as partes vejam rapidamente os resultados e entendam a relevância deles no contexto da análise.

Os gráficos também são uma ferramenta poderosa. Quando apropriados, eles podem ilustrar tendências ou comparações de maneira visualmente atraente. Um gráfico bem elaborado pode transformar dados complexos em informações acessíveis. No entanto, é importante que o perito não sobrecarregue o laudo com gráficos desnecessários. Cada elemento visual deve ter um propósito claro e estar diretamente relacionado às conclusões do laudo.

Além disso, a revisão do laudo é uma etapa que não pode ser negligenciada. Após a redação, é essencial que o perito revise o documento em busca de erros gramaticais, de digitação e de coerência. Um laudo com erros pode comprometer a credibilidade do perito e a eficácia do documento. Uma boa prática é pedir a um colega para revisar o laudo. Um olhar externo pode identificar falhas que o autor pode ter deixado passar.

Por fim, o tom do laudo deve refletir a seriedade da função do perito. A escrita deve ser respeitosa e profissional, evitando qualquer linguagem que possa ser interpretada como emocional ou tendenciosa. O perito é um auxiliar do juízo, e seu papel é apresentar fatos de maneira objetiva e imparcial. Essa postura não apenas reforça a credibilidade do laudo, mas também a confiança que o sistema judicial deposita no trabalho do perito.

Em resumo, a elaboração de um laudo pericial é um exercício que exige atenção aos detalhes e um compromisso com a clareza. Através de uma redação cuidadosa, uma apresentação visual adequada e uma revisão meticulosa, o perito pode garantir que seu laudo não apenas informe, mas também contribua efetivamente para a busca pela verdade no sistema judicial. O objetivo é sempre proporcionar uma compreensão clara e precisa, assegurando que o laudo seja uma ferramenta valiosa na tomada de decisões.

Exemplos Práticos e Dicas para Situações Específicas

A elaboração de laudos periciais é uma tarefa que se enriquece com a prática e a observação de casos reais. Para ilustrar a aplicação das diretrizes discutidas anteriormente, vamos explorar exemplos concretos de laudos periciais em diferentes áreas de atuação. Esses exemplos servirão como um guia prático, oferecendo insights sobre como os peritos podem abordar situações específicas e garantir que suas análises sejam claras e eficazes.

Em um caso de engenharia civil, por exemplo, um laudo pericial foi solicitado para avaliar a estrutura de um edifício que apresentava fissuras significativas. O perito, ao realizar a inspeção *in loco*, coletou dados sobre as condições do ambiente, a idade da construção e os materiais utilizados. No laudo, ele descreveu detalhadamente a metodologia de inspeção, incluindo a utilização de equipamentos de medição para avaliar a profundidade das fissuras. As conclusões foram apresentadas de forma clara, indicando que as fissuras eram resultado de problemas de fundação, e sugeriu medidas corretivas. Esse exemplo destaca a importância da observação direta e da coleta de dados precisos, além de evidenciar como a estrutura do laudo pode facilitar a compreensão do juiz e das partes.

Na área da contabilidade, um laudo pericial foi elaborado para esclarecer discrepâncias em um balanço patrimonial. O perito, ao analisar os documentos contábeis, encontrou inconsistências que poderiam indicar práticas contábeis inadequadas. No laudo, ele apresentou uma análise detalhada das contas, utilizando gráficos que mostravam a evolução dos números ao longo dos anos. Essa apresentação visual não apenas facilitou a compreensão das informações, mas também reforçou a credibilidade do trabalho do perito.

Na medicina, um laudo pericial foi solicitado para avaliar a capacidade laborativa de um trabalhador após um acidente. O perito médico, ao realizar a avaliação, considerou não apenas os laudos médicos anteriores, mas também a história clínica do paciente. Em seu laudo, ele contextualizou as informações, explicando como as lesões afetavam a capacidade do trabalhador de desempenhar suas funções. A clareza na apresentação das informações foi fundamental para que o juiz entendesse a gravidade da situação e pudesse tomar uma decisão informada. Esse exemplo ressalta a importância de uma abordagem holística, onde o perito considera todos os aspectos relevantes para oferecer uma análise completa.

Além dos exemplos práticos, é importante fornecer dicas para situações específicas que podem surgir durante a elaboração do laudo. Quando o perito precisar realizar inspeções *in loco*, é essencial que ele esteja preparado. Isso inclui levar todos os equipamentos necessários, como câmeras, ferramentas de medição e materiais para anotações. A organização prévia da visita pode garantir que todas as informações relevantes sejam coletadas, evitando a necessidade de retornos que podem atrasar o processo.

Outra situação que pode ocorrer é a famosa diligência pericial, ou seja, uma vistoria e coleta de dados junto às partes envolvidas. O perito deve estar ciente de que a interação com as partes deve ser conduzida de forma ética e profissional. É fundamental que o perito mantenha uma postura neutra, evitando qualquer tipo de influência nas informações que está coletando. A transparência nesse processo é crucial para garantir a credibilidade do laudo.

Por fim, o perito deve estar preparado para lidar com imprevistos. Em casos onde a documentação é escassa ou as informações são contraditórias, o profissional deve utilizar seu conhecimento e experiência para interpretar os dados disponíveis e oferecer uma análise fundamentada. Essa habilidade de adaptação é um diferencial que pode fazer toda a diferença na qualidade do laudo final.

Vale ressaltar que caso haja alguma dificuldade de conseguir os documentos necessários, solicitados às partes e que não foram entregues, deve o perito protocolar petição nos autos requerendo ao juiz que determine às partes o encaminhamento dos referidos documentos, seja nos autos ou diretamente na sede do escritório do perito.

Não é demais repisar, que, caso seja entregue tal material no escritório do perito, seja tudo documentado de forma muito transparente, se possível, com a presença de representantes de todas as partes envolvidas.

Em suma, a elaboração de laudos periciais é uma prática que se beneficia da observação de casos reais e da aplicação de técnicas eficazes. Os exemplos apresentados demonstram como a clareza, a organização e a ética são fundamentais para a produção de documentos que não apenas informam, mas que também contribuem para a busca pela verdade no sistema judicial. Com essas diretrizes e exemplos práticos em mente, os peritos estarão mais bem preparados para enfrentar os desafios da profissão e garantir que suas análises sejam reconhecidas pela qualidade e pela precisão.

Capítulo 10

CONSTRUINDO UMA REDE DE CONTATOS E PARCERIAS

O networking é uma ferramenta poderosa no mundo profissional, especialmente para aqueles que atuam como peritos judiciais. A construção de uma rede de contatos sólida não é apenas uma estratégia de carreira, é um elemento essencial que pode abrir portas para novas oportunidades, colaborações e crescimento pessoal.

Neste contexto, o conceito de networking se refere à criação e manutenção de relacionamentos que podem ser mutuamente benéficos, permitindo que profissionais compartilhem conhecimentos, experiências e, frequentemente, oportunidades de trabalho.

Uma rede de contatos bem estabelecida pode ser o diferencial que um perito judicial precisa para se destacar em um mercado competitivo. Através de indicações e recomendações, um perito pode ser chamado para realizar laudos em casos que, de outra forma, poderiam não ter sido acessíveis. Imagine um perito que, após uma apresentação em um seminário, é abordado por um advogado que busca um especialista na área. Essa simples interação pode resultar em um convite para um trabalho significativo, demonstrando como o networking pode ser decisivo na trajetória profissional.

Além disso, o networking não se limita apenas ao aumento de oportunidades de trabalho, ele também proporciona um ambiente rico para a troca de conhecimento. Participar de eventos, conferências e seminários permite que peritos judiciais aprendam com as experiências de outros profissionais, adquirindo insights valiosos que podem ser aplicados em suas próprias práticas. O compartilhamento de desafios e soluções entre colegas pode enriquecer a formação profissional e fortalecer a confiança nas decisões tomadas.

É importante ressaltar que o networking deve ser cultivado de forma genuína. Construir relacionamentos baseados na confiança e no respeito mútuo é fundamental. Ao se conectar com outros profissionais, o perito deve estar disposto a oferecer apoio e compartilhar conhecimentos, criando um ambiente de reciprocidade. Essa abordagem não apenas solidifica os laços, mas também estabelece uma reputação positiva, onde o perito é visto como alguém que contribui para o crescimento da comunidade.

Por fim, o networking é uma prática que deve ser contínua. Não se trata apenas de fazer contatos em eventos, mas de manter essas relações ao longo do tempo. Isso pode incluir o envio de atualizações sobre projetos em andamento, a troca de artigos ou estudos relevantes e até mesmo a simples verificação do bem-estar de um colega. Essas interações reforçam os laços e garantem que, quando uma oportunidade surgir, o perito esteja na mente de seus contatos.

Em resumo, a construção de uma rede de contatos e parcerias é uma estratégia vital para o sucesso na carreira de perito judicial. Através de relacionamentos significativos, os profissionais podem não apenas expandir suas oportunidades de trabalho, mas também enriquecer suas experiências e conhecimentos. O networking é uma jornada que exige dedicação e autenticidade, mas os frutos que podem ser colhidos são inestimáveis.

Estratégias para desenvolver uma rede de contatos são fundamentais para qualquer perito judicial que deseja se destacar em sua carreira. O primeiro passo para iniciar essa jornada é a preparação para se apresentar de maneira eficaz em eventos e conferências. A forma como você se apresenta pode determinar a impressão que deixa nas pessoas. Por isso, é importante ter uma breve introdução pessoal pronta, que destaque suas competências e experiências. Uma apresentação clara e concisa pode despertar o interesse de outros profissionais e abrir portas para futuras colaborações.

As redes sociais são ferramentas valiosas para expandir sua rede de contatos. Ao criar um perfil atraente, você pode mostrar suas habilidades e conquistas, além de se conectar com colegas e especialistas da área. Compartilhar artigos relevantes, comentar sobre postagens de outros profissionais e participar de grupos de discussão são maneiras eficazes de se destacar e ser reconhecido na comunidade. Essas interações online, quando feitas de forma autêntica, podem resultar em convites para eventos e até mesmo oportunidades de trabalho.

Manter contato regular com sua rede é outro aspecto crucial. Não basta apenas fazer conexões, é necessário nutrir esses relacionamentos ao longo do tempo. Enviar atualizações sobre seus projetos, compartilhar informações úteis ou simplesmente checar como seus contatos estão pode fortalecer os laços e garantir que você permaneça presente na mente deles. Pequenos gestos, como um e-mail ou uma mensagem de agradecimento após um encontro, podem fazer uma grande diferença na construção de relacionamentos duradouros.

A participação em associações e grupos profissionais é uma excelente estratégia para expandir sua rede de contatos. Esses ambientes proporcionam oportunidades de interação com outros peritos e profissionais do setor, além de oferecer acesso a recursos e informações valiosas. Participar de reuniões, seminários e workshops organizados por essas associações pode não apenas enriquecer seu conhecimento, mas também aumentar sua visibilidade no mercado.

Por fim, cultivar relacionamentos duradouros exige um compromisso genuíno com o sucesso dos outros. Oferecer ajuda e apoio a colegas, compartilhar conhecimentos e experiências, e estar disponível para colaborar em projetos pode criar um ambiente de reciprocidade. Quando você se torna uma fonte de apoio para outros, é mais provável que eles também estejam dispostos a ajudá-lo quando surgir a oportunidade, formando com isso, boas parcerias profissionais.

Em resumo, desenvolver uma rede de contatos eficaz é um processo contínuo que envolve preparação, proatividade e compromisso. Ao se apresentar de forma clara, utilizar as redes sociais de maneira estratégica, manter contato regular e participar de associações profissionais, você não apenas ampliará suas oportunidades de trabalho, mas também enriquecerá sua experiência como perito judicial. O networking é uma jornada que, quando trilhada com autenticidade e dedicação, pode resultar em colaborações frutíferas e um crescimento significativo na carreira.

Participar de eventos e associações profissionais é uma das estratégias mais eficazes para um perito judicial construir uma rede de contatos sólida e significativa. Esses encontros proporcionam a oportunidade de interagir com outros profissionais da área, trocar experiências e ampliar horizontes. Ao se inserir nessas situações, o perito não apenas apresenta suas habilidades, mas também se coloca em um ambiente onde o aprendizado e a colaboração são incentivados.

Além disso, a participação em eventos permite que o perito conheça as tendências do mercado e as necessidades emergentes. Ao compreender as demandas atuais, ele pode se posicionar de forma mais estratégica, buscando especializações que estejam em alta. Essa proatividade é essencial em um campo em constante evolução, onde novas áreas de atuação podem surgir a qualquer momento.

É importante ressaltar que a presença em eventos deve ser acompanhada de uma postura ativa. O perito deve se preparar para se apresentar de forma clara e objetiva, destacando suas competências e experiências. Estar aberto a conversas e interações é fundamental para criar laços significativos. Cada conversa é uma oportunidade de aprendizado e de estabelecer conexões que podem se revelar valiosas no futuro.

Cultivar relacionamentos duradouros no âmbito profissional é uma arte que exige dedicação e sensibilidade. Para um perito judicial, isso significa não apenas estabelecer contatos, mas também nutrir essas relações ao longo do tempo, transformando interações casuais em parcerias significativas. O primeiro passo para isso é a disposição para oferecer ajuda e apoio aos colegas. Quando você se coloca à disposição para colaborar, seja compartilhando conhecimento ou oferecendo um conselho, cria um ambiente de reciprocidade que fortalece os laços.

Imagine, por exemplo, que você conhece um colega que está enfrentando dificuldades em um laudo complexo. Oferecer-se para revisar o trabalho dele ou discutir as melhores abordagens pode não apenas ajudá-lo a superar esse desafio, mas também solidificar a amizade e a confiança entre vocês. Essa atitude não apenas demonstra seu comprometimento com a profissão, mas também estabelece uma reputação positiva, onde você é visto como um profissional acessível e disposto a contribuir para o sucesso dos outros.

Além disso, é fundamental manter um contato regular com sua rede de contatos. Isso não significa bombardear as pessoas com mensagens constantes, mas sim encontrar momentos oportunos para se conectar. Um simples e-mail ou mensagem nas redes sociais, perguntando como a pessoa está ou compartilhando um artigo interessante, pode fazer toda a diferença. Essas pequenas interações mantêm a relação viva e mostram que você se importa com o bem-estar e o progresso dos seus contatos.

Participar de eventos e encontros profissionais também é uma excelente oportunidade para fortalecer essas relações. Durante esses momentos, reserve um tempo para conversar com aqueles que você já conhece e também para fazer novas conexões. A interação face a face é poderosa e pode criar memórias e experiências compartilhadas que solidificam laços. Após esses eventos, não se esqueça de seguir com uma mensagem de agradecimento ou um comentário sobre a conversa que tiveram. Isso reforça a conexão e demonstra que você valoriza o relacionamento.

Além do mais, é importante lembrar que o networking não deve ser visto apenas como uma troca de favores. É uma via de mão dupla, onde ambos os lados devem se beneficiar. Quando você se dedica a ajudar os outros, a tendência é que, quando surgir uma oportunidade, eles se lembrem de você e estejam dispostos a retribuir. Essa dinâmica cria um ciclo de apoio mútuo que pode ser extremamente benéfico ao longo da sua carreira.

Por fim, reflita sobre como um networking bem-sucedido pode ser uma fonte contínua de aprendizado e crescimento. Cada interação é uma oportunidade de aprender algo novo, seja uma técnica, uma abordagem ou uma visão diferente sobre a profissão. Ao manter uma mentalidade aberta e receptiva, você não apenas expande sua rede, mas também enriquece sua própria experiência profissional. O sucesso na carreira de perito judicial está intimamente ligado à qualidade das relações que você constrói e mantém. Portanto, dedique-se a cultivar esses relacionamentos com empatia, autenticidade e um espírito colaborativo.

Capítulo 11

DESAFIOS E PERSPECTIVAS FUTURAS PARA PERITOS JUDICIAIS

Os desafios que os peritos judiciais enfrentam atualmente são multifacetados e exigem uma adaptação constante às inovações tecnológicas e às novas demandas do sistema judiciário. A tecnologia, em especial, tem revolucionado a prática pericial, trazendo tanto oportunidades quanto complexidades. A introdução de ferramentas como inteligência artificial e softwares de análise de dados não apenas facilita o trabalho dos peritos, mas também levanta questões sobre a precisão e a qualidade dos laudos periciais. Como os peritos estão se adaptando a essas mudanças? A resposta está na formação contínua e na disposição para integrar novas tecnologias em suas práticas cotidianas.

Um exemplo claro dessa transformação é o uso de algoritmos para processar grandes volumes de dados. Peritos que dominam essas ferramentas podem oferecer análises mais robustas e fundamentadas, mas também precisam estar cientes dos desafios éticos que isso implica. A confiança na tecnologia deve ser equilibrada com a necessidade de uma análise crítica e imparcial. Os peritos devem garantir que suas avaliações não sejam apenas baseadas em dados, mas também em uma interpretação humana que considere o contexto e as nuances de cada caso.

Além disso, as expectativas do sistema judiciário têm mudado. Com a pressão por resultados mais rápidos e eficientes, os peritos se veem diante do desafio de atender a essas demandas sem comprometer a qualidade de seu trabalho. A agilidade é uma necessidade, mas a precisão deve sempre ser priorizada. Para isso, é fundamental que os peritos desenvolvam habilidades de gerenciamento de tempo e organização, permitindo que cumpram prazos sem sacrificar a integridade de suas análises. A capacidade de priorizar tarefas e gerenciar a carga de trabalho se torna essencial em um ambiente onde a velocidade é cada vez mais valorizada.

Neste cenário desafiador, a resiliência e a adaptabilidade se tornam qualidades indispensáveis para os peritos judiciais. O futuro da profissão dependerá da capacidade desses profissionais de se reinventar constantemente, integrando novas tecnologias e abordagens enquanto mantêm um compromisso inabalável com a ética e a qualidade. A jornada pode ser complexa, mas com dedicação e uma mentalidade aberta, os peritos podem não apenas superar os desafios atuais, mas também se destacar em um mercado em constante evolução.

O impacto das mudanças sociais no papel do perito judicial é um tema que merece atenção especial, especialmente em um mundo em constante transformação. Nos últimos anos, a percepção do público e do sistema judiciário em relação aos peritos mudou consideravelmente. Antigamente, a figura do perito era vista como um mero executor de laudos, mas hoje, essa visão evoluiu. Os peritos judiciais são reconhecidos como profissionais fundamentais na busca pela verdade, e essa nova perspectiva traz consigo responsabilidades ampliadas.

Uma das novas responsabilidades que os peritos devem assumir é a capacidade de se comunicar de forma eficaz com diferentes públicos. A complexidade dos casos em que atuam exige que eles não apenas produzam laudos técnicos, mas que também consigam explicar seus conteúdos em uma linguagem acessível, tanto para advogados quanto para juízes e, em alguns casos, para o próprio público. Essa habilidade de tradução do jargão técnico para uma linguagem clara é vital, pois garante que todos os envolvidos no processo judicial compreendam as análises e conclusões apresentadas.

A diversidade e a inclusão também desempenham um papel crucial na modernização da prática pericial. A inclusão de diferentes perspectivas e experiências pode enriquecer significativamente a análise dos casos. Peritos de diversas origens trazem consigo uma bagagem única que pode influenciar positivamente a forma como as evidências são interpretadas e apresentadas. A promoção de um ambiente diversificado não só melhora a qualidade dos laudos, mas também reflete a sociedade em que vivemos, contribuindo para uma justiça mais equitativa.

Além disso, a formação contínua se torna uma exigência inadiável. Em um cenário onde as demandas e tecnologias estão em constante evolução, os peritos judiciais precisam estar sempre atualizados. Isso não se limita apenas ao conhecimento técnico, mas também abrange as novas tendências sociais e jurídicas. Participar de cursos, workshops e seminários é essencial para que os peritos se mantenham relevantes e preparados para os desafios que surgem. A formação contínua deve ser encarada como uma jornada, onde cada aprendizado é uma oportunidade de crescimento e aprimoramento profissional.

Os peritos também devem estar atentos às questões sociais que permeiam os casos em que atuam. A empatia e a compreensão das realidades sociais podem influenciar a forma como os laudos são elaborados e apresentados. Peritos que se dedicam a entender o contexto social dos casos podem oferecer uma análise mais completa e justa, contribuindo para a construção de um sistema judiciário mais humano.

Por fim, refletir sobre essas mudanças é fundamental para que os peritos judiciais possam se adaptar e prosperar em suas carreiras. O futuro da profissão depende da capacidade de se reinventar e de assumir novas responsabilidades que vão além do mero cumprimento de funções técnicas. O compromisso com a qualidade, a ética e a inclusão será o diferencial que permitirá aos peritos não apenas se destacarem, mas também contribuírem significativamente para a justiça em nossa sociedade.

As perspectivas futuras para a profissão de perito judicial são promissoras, mas também repletas de desafios que exigem uma adaptação contínua. Um dos aspectos mais notáveis é o surgimento de novas tendências na área da perícia. Com o avanço da tecnologia, áreas como a perícia digital e a análise de dados estão se expandindo rapidamente. Peritos que se especializam em crimes cibernéticos ou em fraudes digitais estão se tornando cada vez mais requisitados, à medida que o mundo se torna mais conectado e as transações online se tornam a norma. Essa nova demanda oferece uma oportunidade única para os profissionais que buscam se destacar no mercado.

Além disso, a interdisciplinaridade está se tornando uma característica essencial na prática pericial. A colaboração entre diferentes áreas do conhecimento, como direito, tecnologia da informação e ciências sociais, pode enriquecer as análises e laudos. Por exemplo, um perito que trabalha em um caso de fraude financeira pode se beneficiar ao trabalhar em conjunto com especialistas em contabilidade forense e profissionais de TI. Essa abordagem colaborativa não só amplia o escopo da análise, mas também contribui para a elaboração de laudos mais completos e fundamentados.

As instituições de ensino também estão se adaptando a essas mudanças, reconhecendo a importância de preparar os futuros peritos para os desafios do mercado. Cursos e especializações estão sendo desenvolvidos para incluir novas tecnologias e práticas contemporâneas. A formação em habilidades tecnológicas, como o uso de softwares de análise de dados e a compreensão de ferramentas de inteligência artificial, está se tornando essencial. Essa formação não apenas capacita os estudantes, mas também os posiciona como profissionais relevantes e preparados para enfrentar os desafios do futuro.

Outra tendência emergente é a crescente importância da ética na prática pericial. À medida que as tecnologias evoluem, também surgem novas questões éticas que precisam ser abordadas. Os peritos devem estar preparados para lidar com dilemas éticos complexos, garantindo que suas análises e laudos sejam justos e imparciais. A formação contínua em ética profissional se torna, portanto, um componente crucial na preparação dos peritos para os desafios que enfrentarão.

Por fim, a adaptação às mudanças sociais também desempenha um papel significativo nas perspectivas futuras da profissão. A inclusão de diferentes perspectivas e a promoção da diversidade são fundamentais para garantir que a prática pericial reflita a sociedade em que se insere. A empatia e a compreensão das realidades sociais devem ser incorporadas nas análises, permitindo que os peritos ofereçam uma visão mais ampla e justa dos casos em que atuam.

Em resumo, as perspectivas futuras para os peritos judiciais são repletas de oportunidades e desafios. A capacidade de se adaptar às mudanças tecnológicas, a colaboração interdisciplinar, a formação contínua e a promoção da ética e da diversidade serão fundamentais para o sucesso na profissão. Aqueles que abraçarem essas tendências estarão melhor posicionados para se destacar em um mercado em constante evolução, contribuindo significativamente para a justiça e a verdade em nossa sociedade.

Refletir sobre a relevância contínua do perito judicial é essencial, especialmente em um contexto jurídico e social em constante mudança. A profissão, que já foi vista como uma mera formalidade, hoje se destaca como um pilar fundamental na busca pela verdade e pela justiça. Os peritos judiciais não apenas fornecem laudos técnicos, eles desempenham um papel crucial na interpretação de evidências e na construção de narrativas que influenciam decisões judiciais. Diante disso, é vital que esses profissionais se mantenham atualizados e preparados para enfrentar os desafios que surgem com as inovações tecnológicas e as demandas sociais.

Ao encerrar este capítulo, é importante deixar uma mensagem de encorajamento. Apesar dos desafios que a profissão de perito judicial enfrenta, a dedicação, a ética e o compromisso com a qualidade são os pilares que garantirão o sucesso. Cada perito tem a capacidade de impactar positivamente o sistema de justiça, contribuindo para a verdade e a equidade. Portanto, abracem as transformações, mantenham-se curiosos e comprometidos com a excelência. O futuro da perícia judicial é promissor, e aqueles que se dedicarem a essa jornada certamente colherão os frutos de seu esforço e resiliência.

Ao concluir esta jornada por entre os intricados caminhos da perícia judicial, é com grande satisfação que compartilho com você, leitor, a essência e a importância deste ofício. A perícia não é apenas uma função técnica, é uma vocação que exige compromisso, ética e uma busca incessante pela verdade.

Cada laudo elaborado, cada análise realizada, é um passo em direção à justiça, um testemunho da dedicação e do conhecimento que você, como perito judicial, poderá trazer ao sistema judiciário.

Neste livro, busquei fornecer não apenas informações advindas da minha experiência como perito judicial ao longo de mais de 24 (vinte e quatro) anos, mas também tudo aquilo que busquei ser a cada vez que fui nomeado perito, com todos erros e acertos.

Espero que você tenha encontrado aqui as ferramentas necessárias para trilhar seu próprio caminho na profissão, superando os desafios e aproveitando as oportunidades que surgirem. Lembre-se de que a formação contínua e o desenvolvimento de habilidades interpessoais são tão importantes quanto o domínio técnico. Construa sua rede de contatos, mantenha-se atualizado e, acima de tudo, nunca perca de vista a ética e a responsabilidade que acompanham a função de perito judicial.

Ao olhar para o futuro, tenha em mente que o cenário está em constante evolução. Novas áreas de atuação e desafios surgirão, e cabe a você estar preparado para enfrentá-los com coragem e determinação. Acredite em seu potencial e na diferença que você pode fazer na vida das pessoas e na justiça.

Agradeço por me acompanhar nesta jornada e desejo a você muito sucesso em sua carreira pericial. Que sua trajetória seja repleta de conquistas e que você sempre busque a verdade com integridade e paixão.

Capítulo 12

MODELOS DE PEÇAS PERICIAIS

1. PROPOSTA DE HONORÁRIOS

AO JUÍZO DA XXª VARA XXXX DA COMARCA DE XXXX-PB

PROCESSO: XXXXXX

AUTOR: XXXXXXXXXXXXXXXX

RÉU: XXXXXXXXXXXXXXXXXXXXXX

FULANO DE TAL, Perito Judicial (**Contábil, Engenheiro, Médico**) nomeado nestes autos, vem à presença de Vossa Excelência, com o devido respeito, agradecendo a deferência do meu nome e a confiança depositada por este juízo, apresentar PROPOSTA DE HONORÁRIOS PERICIAIS.

Analisando os autos, procurando diagnosticar o objetivo da lide, considerando que para feitura do laudo pericial competente este perito terá que demandar bastante tempo com estudos a respeito do caso concreto, (**citar o que precisará fazer**, como por exemplo: levantar planilhas fundamentadas na legislação específica, como também, pesquisas contábeis e financeiras que possibilitem a contento dirimir as dúvidas suscitadas no caso em tela).

Apresentamos como proposta de honorários periciais o valor de **R$ 00,00 (................................).**

Caso acatada a proposta, requeremos a notificação da parte para o depósito prévio, para o início dos trabalhos, nos termos do Código de Processo Civil pátrio.

Ressalvamos ainda, que a proposta orçamentária poderá sofrer alteração, caso a parte autora venha apresentar quesitos, como também, posteriormente, ambas venham apresentar quesitos suplementares.

N. Termos

P. Deferimento

Cidade, XX de Mês de 20XX

FULANO DE TAL

Perito Judicial

(Contador, Engenheiro, Médico) –
CRC – CRM – CREA, etc.

2. INÍCIO DE PERÍCIA

AO JUÍZO DA XXª VARA XXXX DA COMARCA DE XXXX-PB

PROCESSO: XXXXXX

AUTOR: XXXXXXXXXXXXXXXXX

RÉU: XXXXXXXXXXXXXXXXXXXXXXXX

XXXXXXXXXXXXXXXXXXX, Perito Judicial (Contador, Engenheiro, Médico, etc.) nomeado nos autos, vem perante V. Exa., atender o r. despacho de fls. e indicar o dia **xx/xx/20xx** para dar início a **perícia contábil/médica/de engenharia, etc.**

Ainda, aproveitar o ensejo para agradecer a nomeação para exercer a nobre função de perito deste juízo e me colocar à disposição para novos trabalhos periciais.

N. Termos

P. Deferimento

Cidade, XX de Mês de 20XX

FULANO DE TAL

Perito Judicial

(Contador, Engenheiro, Médico) – CRC – CRM – CREA, etc.

3. SOLICITAÇÃO DE DOCUMENTOS

AO JUÍZO DA XXª VARA XXXX DA COMARCA DE XXXX-PB

PROCESSO: XXXXXX

AUTOR: XXXXXXXXXXXXXXXX

RÉU: XXXXXXXXXXXXXXXXXXXXXX

ASSUNTO: **SOLICITAÇÃO DE DOCUMENTOS**

Ao cumprimentar Vossa Excelência, haja vista não conter nos autos alguns documentos necessários à feitura do laudo pericial, bem como, foi solicitado as partes e estas não apresentaram até esta data, venho através deste requerer que seja determinado por esse douto juízo, os documentos abaixo listados, visando dar andamento a feitura do laudo pericial competente.

Os documentos citados são os seguintes:

a) Xxxx

b) Xxxxx

c) Xxxxx

Por fim, requeremos que tais documentos sejam juntados aos autos e que após isso, esse perito judicial seja novamente intimado para dar continuidade aos trabalhos periciais.

Cidade, XX de Mês de 20XX

FULANO DE TAL

Perito Judicial

(Contador, Engenheiro, Médico) –
CRC – CRM – CREA, etc.

4. DILATAÇÃO DE PRAZO

AO JUÍZO DA XXª VARA XXXX DA COMARCA DE XXXX-PB

PROCESSO: XXXXXX

AUTOR: XXXXXXXXXXXXXXXX

RÉU: XXXXXXXXXXXXXXXXXXXXXX

XXXXXXXXXXXXXXX, *Perito Judicial (Contábil, Médico, Engenheiro, etc.)* nomeado nos autos, vem mui respeitosamente à presença de Vossa Excelência, solicitar PRORROGAÇÃO do prazo por mais 30 (trinta) dias para a conclusão do Laudo Pericial, por motivos particulares que passo a expor:

(ESCREVER O MOTIVO E ANEXAR A FUNDAMENTAÇÃO) (docs. em anexo).

Assim, requer a compreensão de V. Exa. no sentido de deferir o prazo supra mencionado.

Sem mais no momento, agradecendo desde já a compreensão e o deferimento solicitado.

N. Termos

P. Deferimento

Cidade, xx de mês de 20xx

FULANO DE TAL

Perito Judicial

(Contador, Engenheiro, Médico) – CRC – CRM – CREA, etc.

5. PETIÇÃO DE ENTREGA DO LAUDO PERICIAL E PEDIDO DE LIBERAÇÃO DE ALVARÁ JUDICIAL COM OS HONORÁRIOS PERICIAIS

AO JUÍZO DA XXª VARA XXXX DA COMARCA DE XXXX-PB

PROCESSO: XXXXXX

AUTOR: XXXXXXXXXXXXXXXX

RÉU: XXXXXXXXXXXXXXXXXXXXXX

xxxxxxxxxxxxx, Perito Judicial (Contábil, Médico, Engenheiro, etc.) nomeado nos autos, vem mui respeitosamente à presença de Vossa Excelência, depositar o competente **LAUDO PERICIAL CONTÁBIL**, haja vista ter concluído o encargo confiado.

Ao tempo em que me coloco à disposição de Vossa Excelência para novos trabalhos periciais, venho **requerer a liberação do alvará referente aos honorários periciais** já devidamente depositados em juízo.

Sem mais no momento, agradecendo desde já a compreensão e o deferimento solicitado.

N. Termos

P. Deferimento

Cidade, xx de Mês de 20xx

FULANO DE TAL

Perito Judicial

(Contador, Engenheiro, Médico) – CRC – CRM – CREA, etc.

6. LAUDO PERICIAL

LAUDO PERICIAL

Juízo da ...ª Vara da Cível da Comarca de XXXX

Processo nº: XXXX

Autor: XXX

Réu: XXX

Perito Judicial (Contábil, Engenheiro, Médico, etc.) FULANO DE TAL

I - APRESENTAÇÃO

Perito (Contador, Médico, Engenheiro), FULANO DE TAL, brasileiro, casado, devidamente inscrito no Conselho Regional de XXXXXX sob o nº XXX, Doutor em XXXXXXXX, Mestre em XXXXXXXX, Pós-Graduado em XXXXXXXXXXXXXXXXX, com endereço profissional à Av. XXX, na qualidade de PERITO JUDICIAL nomeados nos autos, vem respeitosamente à presença de Vossa Excelência apresentar o seu LAUDO PERICIAL, consoante as determinações do Código de Processo Civil e as Resoluções do Conselho Federal de XXXX (se tiver) – que versam sobre a Perícia (Contábil, Médica, de Engenharia, etc.)

II – CONSIDERAÇÕES INICIAIS

Obs: Aqui trouxe um exemplo de Perícia Judicial Contábil, mas o Perito pode conceituar com a norma de sua profissão.

Inicialmente esclarecemos que, conforme nos ensina o prof. Hilário Franco, a *contabilidade "é a ciência que estuda, controla e interpreta os fatos ocorridos no patrimônio das entidades, mediante o registro, a demonstração expositiva e a revelação desses fatos, com o fim de oferecer informações sobre a composição do patrimônio, suas variações e o resultado econômico decorrente da gestão da riqueza patrimonial*" (Atlas, 1997).

Vale mencionar que a perícia contábil de acordo com a norma técnica do Conselho Federal de Contabilidade - CFC, a NBC TP 01 (R2) - DA PERÍCIA CONTÁBIL, reza que: "2. *A perícia contábil consiste em um conjunto de procedimentos técnico-científicos que visam fornecer elementos probatórios necessários para subsidiar a instância decisória a justa solução do litígio ou a constatação de um fato, mediante laudo pericial contábil e/ou parecer técnico contábil, em conformidade com as normas jurídicas e Normas Brasileiras de Contabilidade, e com a legislação específica, no que for pertinente.*"

Conforme o contido na demanda, a perícia é de natureza contábil, e, portanto, não é demais ressaltar que é de prerrogativa do profissional bacharel em Ciências Contábeis, devidamente registrado em Conselho Regional de Contabilidade, conforme preceitua o artigo 4 da NBC TP Nº 01 (R2) - Da Perícia Contábil emanada pelo Conselho Federal de Contabilidade - CFC.

As partes apresentaram quesitos elucidativos, contudo, vários quesitos ficaram prejudicados pois não são da área contábil, sendo assim, não foram respondidos por este perito contador.

ANEXOS

Anexo 1 – Planilha 39 e 40;

Anexo 2 – Planilha (Multa e Juros Simples – 1);

Anexo 3 – Planilha - Cálculo (Multa e Juros simples – 2);

Anexo 4 – Planilha - Cálculo (Multa e Juros Compostos);

Anexo 5 – Planilha - Cálculo (Taxa SELIC);

Anexo 6 – Planilha – Comparação;

Anexo 7 – Planilha – Atualizado para 02.01.2025

III – OBJETO DA PERÍCIA

Trata-se de Ação ordinária com pedido de confirmação de liminar contra a XXX, conforme Ação cautelar incidental inominada n.º XXX, lavrada pelo XXX, empresa de direito privado, que presta serviços de XXX, no período de setembro de 1998 a abril de 2017 em decorrência de dívida obtida mediante o consumo de XXX.

IV – METODOLOGIA APLICADA

A metodologia utilizada é a descritiva com base na documentação acostada aos Autos pelas partes.

V – RESPOSTAS AOS QUESITOS

- **QUESITOS DO JUIZ (SE TIVER)**
- **QUESITOS DO AUTOR**
- **QUESITOS DO RÉU**

OBS: O perito judicial deve responder individualmente cada quesito apresentado, porém, só aqueles que for da sua área técnica, aqueles que não o forem, deverão ser respondidos como "quesito prejudicado por não ser objeto da perícia".

CONSIDERAÇÕES FINAIS

Diante do exposto, conclui-se que após o exame analítico da documentação anexa ao processo, que em 02/01/2025 o XXXX possui uma dívida de R$ xxxxxxxxx (citar valor por extenso), que deverá ser paga a parte XXXX conforme acordo firmado em juízo entre as partes.

Eis o que merecia fazer relato, submeto à apreciação desse juízo melhor julgamento.

Cidade/PB, xx de Mês de 20xx.

FULANO DE TAL

Perito Judicial

(Contador, Engenheiro, Médico) – CRC – CRM – CREA, etc.

REFERÊNCIAS BIBLIOGRÁFICAS

BRASIL. Decreto-Lei nº 1.608, de 18 de setembro de 1939. Dispõe sobre Código de Processo Civil e dá outras providências. Brasília, DF: Diário Oficial da União, 1939.

BRASIL. Decreto-Lei nº 9.295, de 27 de maio de 1946. Cria o Conselho Federal de Contabilidade, define as atribuições do Contador e do Guarda-livros, e dá outras providências. Brasília, DF: Diário Oficial da União, 1946.

BRASIL. Lei nº 5.869, de 16 de março de 1973. Dispõe sobre Código de Processo Civil e dá outras providências. Brasília, DF: Diário Oficial da União, 1973.

BRASIL. Lei nº 13.105, de 16 de março de 2015. Dispõe sobre Código de Processo Civil e dá outras providências. Brasília, DF: Diário Oficial da União, 2015.

CONSELHO FEDERAL DE CONTABILIDADE. Norma Brasileira de Contabilidade, NBC PP 01 (R2), de 20 de fevereiro de 2025.

CONSELHO FEDERAL DE CONTABILIDADE. Norma Brasileira de Contabilidade, NBC TP 01 (R2), de 20 de fevereiro de 2025.

LOPES DE SÁ, Antônio. Perícia Contábil. Ed. Atlas. 1996.

MORAIS, Antonio Carlos e MORAIS, Carlo Rogerio. O Perito e a Justiça. Ed. Halley S.A. 2021.

SANTOS, Moacyr Amaral. Primeiras Linhas de Direito Processual Civil. Ed. Saraiva. 2004.

EDITORA JusPODIVM
www.editorajuspodivm.com.br

RENOVA GRAF
www.renovagraf.com.br

JUS4445